Gli Scritti dell'Ultima Generazione

e

La Nazione

Gli Scritti dell' Ultima Generazione

e

La Nazione

LAITMAN
KABBALAH
PUBLISHERS

Rav Yehuda Ashlag

Copyright © 2024 di Michael Laitman

Tutti i diritti riservati

Pubblicato da Laitman Kabbalah Publishers

1057 Steeles Avenue West, Suite 532, Toronto, ON,
M2R 3X1, Canada

Nessuna parte di questo libro può essere utilizzata o riprodotta
in alcun modo senza il permesso scritto dell'editore, tranne nel
caso di brevi citazioni incorporate
in articoli critici o recensioni.

ISBN: 9798871945254

Traduzione: Salvatore Lavena - Giovanna Soncin
Revisione : Barbara Faraone
Controllo finale : Nadia Bedini - Moshe Admoni
Copertina: Inna Smirnova
Stampa e Post-Produzione: Uri Laitman

Sommario

Nota dell'editore

I manoscritti originali di questi testi sono conservati nell'archivio dell'Istituto ARI.

Il processo di pubblicazione è stato piuttosto complicato a causa dello stato dei manoscritti e della grande densità dei testi. In primo luogo, abbiamo individuato tutti gli scritti che appartengono agli "Scritti dell'ultima generazione" tramite il loro contenuto. Successivamente, abbiamo copiato meticolosamente i testi senza alcuna modifica o correzione. Dove non siamo riusciti a decifrare una parola o una parte di essa, l'abbiamo contrassegnata con delle parentesi [...].

Secondo l'ordine di apparizione nei manoscritti, abbiamo diviso gli scritti in cinque parti e un'introduzione. Va notato che l'ordine delle parti è stato fatto da noi. Tutti i titoli degli scritti sono stati dati dallo stesso Baal HaSulam e dove si è dovuto aggiungere un titolo abbiamo usato solo lettere.

Dobbiamo fare molta attenzione alla parte più consistente ne "Gli scritti dell'ultima generazione", la Parte Uno. Secondo il manoscritto, il materiale è infatti diviso in due: 1) Saggio, 2) Appendici e bozze del saggio.

L'editore

Gli Scritti dell' Ultima Generazione

Introduzione agli scritti dell'ultima generazione

C'è un'allegoria riguardo a degli amici che si erano persi nel deserto, affamati e assetati. Uno di loro aveva trovato un insediamento colmo di ogni bene. iniziò a ricordarsi dei suoi miseri fratelli, ma si era già allontanato da loro tanto da non sapere dove si trovassero. Che cosa fece? Cominciò ad urlare a squarciagola e a suonare il corno, forse i suoi miseri amici affamati avrebbero sentito la sua voce, si sarebbero avvicinati a lui, e sarebbero arrivati a quell'insediamento pieno di ogni bene.

Così è la questione che abbiamo davanti: ci siamo persi in un terribile deserto insieme a tutta l'umanità e ora abbiamo trovato un tesoro grande e pieno di ogni bene, ossia i libri di Kabbalah nel tesoro. Questi soddisfano le nostre anime piene di desiderio e ci riempiono abbondantemente di piacere e di contentezza; siamo sazi e ce n'è ancora di più.

C'è il ricordo dei nostri amici che sono rimasti senza speranza nel terribile deserto, eppure c'è una grande distanza tra noi, e tra noi le parole non sono sentite. Per questo motivo, abbiamo approntato questo corno in modo che suoni forte, affinché i nostri fratelli possano sentire, avvicinarsi ed essere felici come noi.

Sappiate, fratelli nostri, carne della nostra carne, che il fondamento della saggezza della Kabbalah è la conoscenza di come il mondo sia disceso dal suo elevato luogo celeste, fino a raggiungere la nostra bassa condizione. Questa realtà era necessaria, dato che "la fine di un atto è nel pensiero preliminare" e il Suo pensiero agisce istantaneamente, poiché Egli non ha bisogno dello strumento dell'azione come noi. Perciò, fummo emanati in *Ein Sof* [infinito] nella perfezione assoluta fin dall'inizio, e da lì fino a questo mondo.

È quindi molto facile trovare tutte le correzioni future che sono destinate a venire dai mondi completi che ci hanno preceduto. Attraverso questo sappiamo come correggere i nostri modi d'ora in avanti, questo è il vantaggio dell'uomo sulla bestia, perché lo spirito della bestia scende, cioè vede solo davanti a sé, senza la comprensione o la saggezza di guardare nel passato per correggere il futuro.

Il vantaggio dell'uomo su di essa è che lo spirito dell'uomo ascende nel passato e lo guarda come l'uomo si guarda allo specchio e vede i propri difetti in modo tale da correggerli. Allo stesso modo, la mente vede ciò che ha sperimentato e corregge i suoi comportamenti futuri.

Perciò non c'è evoluzione nella specie della bestia, le bestie sono ancora nello stesso stato in cui sono state create, perché non hanno, come l'uomo, uno specchio con cui vedere come correggere i modi ed evolvere gradualmente. L'uomo si sviluppa di giorno in giorno fino a quando il suo merito sarà consolidato e sentito, e cavalcherà sui pianeti elevati.

Ma tutto questo riguarda le vie naturali fuori di noi, cioè la natura della realtà circostante il nostro cibo e le vicende esterne. Per tali cose, la mente naturale è sufficiente.

Tuttavia, nella nostra interiorità e nella nostra essenza, anche se ci sviluppiamo un po', lo facciamo e miglioriamo essendo spinti da dietro attraverso sofferenze e bagni di sangue, poiché non abbiamo tattiche per ottenere uno specchio per vederci dentro le persone che hanno vissuto nelle generazioni passate.

Lo è ancora di più per quanto riguarda l'interiorità delle anime e dei mondi, e come siano discesi e arrivati a una rovina così terribile come quella di oggi, dove non c'è sicurezza per le nostre vite. Nei prossimi anni, saremo soggetti al massacro e a ogni sorta di uccisioni, e tutti ammettono di non avere consigli per impedirlo.

Immaginate, per esempio, che oggi si trovasse un qualche libro storico, raffigurante le ultime generazioni tra diecimila anni. Come sentiamo noi e voi, la lezione proveniente dalla sofferenza e dagli eccidi sarà certamente sufficiente a riformarsi in buone norme.

E queste persone hanno davanti buone norme che servono a dar loro sicurezza e serenità e, come minimo, a garantire la vita quotidiana in pace e tranquillità.

Non c'è dubbio che se qualche saggio ci offrisse questo libro sulla saggezza dell'arte di governare e della condotta personale, i nostri leader troverebbero tutti i consigli per organizzare la vita in tal modo, e non ci sarebbe nessun lamento nelle nostre strade". Gli eccidi e le terribili sofferenze cesserebbero, e tutto andrebbe pacificamente al suo posto.

Ora, illustri lettori, questo libro si trova qui davanti a voi in un armadio. Afferma esplicitamente tutta la saggezza dell'arte di governare e della condotta personale che esisterà alla fine dei giorni, ci stiamo riferendo ai libri di Kabbalah [nel manoscritto, a fianco al testo che inizia qui, vi era scritto: "Essi sono la perfezione che precede l'imperfezione"].

In esso, sono posti i mondi corretti che emersero con la perfezione, come si dice: la perfezione emerge prima dal Bore, poi la correggiamo e arriviamo alla perfezione che esiste nel mondo superiore, che emerge da *Ein Sof*, come in "la fine di un atto è nel pensiero preliminare".

Poiché l'incompleto si estende gradualmente dal completo e non c'è inesistenza nello spirituale, rimangono tutti esistenti e raffigurati nella loro completa perfezione, in particolare e in generale, nella saggezza della Kabbalah.

Aprite questi libri e troverete tutte le buone norme di vita che appariranno alla fine dei giorni e troverete in essi la buona lezione con cui organizzare le cose di questo mondo anche oggi, perché possiamo imparare dal passato e da questo correggere il futuro.

Un appello agli eletti perché studino la Kabbalah

Io, lo scrittore, conosco me stesso e il mio posto, so di non essere tra i migliori della razza umana. E se uno come me oggi ha lavorato sodo e ha trovato tutto questo nei libri nascosti nei nostri armadi, non c'è ombra di dubbio che se gli eletti della generazione scaveranno in questi libri, tanta felicità e abbondanza saranno disponibili per loro e per il mondo intero.

La mia voce nello *Shofar* [Corno], perché è giunta?

Ho visto tutto questo e non posso più trattenermi. Ho deciso di rivelare le mie osservazioni e ciò che ho trovato scritto in quei libri riguardo alle modalità di correzione del futuro prestabilito per noi. E con questo corno esco e mi rivolgo alla gente del mondo. Credo e ritengo che sia sufficiente riunire tutti gli eletti per iniziare a studiare e approfondire i libri, affinché possano giudicare loro stessi e il mondo intero sul piatto dei meriti.

Parte Uno

La base di tutto il mio commento è la volontà di ricevere impressa in ogni creatura, che è la disparità di forma col Bore. Così, l'anima si separò da Lui come un organo è separato dal corpo, dato che la differenza di forma nella spiritualità è come un'ascia separatrice nella materialità. È chiaro quindi che ciò che il Bore vuole da noi è l'equivalenza di forma, per cui allora torniamo e aderiamo di nuovo a Lui, come prima di essere creati.

Questo è il significato delle parole: "Aderite alle Sue qualità; come Egli è misericordioso, ecc. Significa che dobbiamo cambiare la nostra caratteristica, che è la volontà di ricevere e adottare quella del Bore che è solo di donare, in modo che tutte le nostre azioni siano solo per donare al prossimo e arrecare a questo più beneficio possibile.

Con questo arriviamo all'obiettivo di aderire a Lui, cioè all'equivalenza di forma. Ciò che l'uomo fa necessariamente per i propri bisogni, cioè il minimo necessario per sostenere sé stesso e la propria famiglia, non è considerato differenza di forma, poiché "la necessità non è né condannata né lodata".

Questa è la grande rivelazione che sarà rivelata in tutta la sua completezza solo ai tempi del Messiah. Quando questo insegnamento sarà accettato, saremo ricompensati con la completa redenzione.

Ho già detto che ci sono due modi per scoprire la completezza: la via della Torah o la via della sofferenza. Quindi, il Bore ha dato all'umanità la tecnologia, finché hanno inventato la bomba atomica e le bombe all'idrogeno.

Se la rovina totale che sono destinate a portare sul mondo non è ancora evidente, si può aspettare una terza guerra mondiale, o una quarta. Le bombe faranno il loro dovere e i sopravvissuti che rimarranno dopo la distruzione non avranno altra scelta se non quella di farsi carico di questo lavoro in cui sia gli individui che le nazioni non lavoreranno per loro stessi più di quanto sia indispensabile al sostentamento, mentre tutto il resto che fanno sarà per il bene degli altri.

Se tutte le nazioni del mondo saranno d'accordo, non ci saranno più guerre, perché nessuno si preoccuperà del proprio bene, ma solo del bene degli altri.

Questa legge di equivalenza della forma è la legge del Messiah.

Fu detto a questo proposito: "Ma alla fine dei giorni, avverrà, ecc., e molte nazioni andranno e diranno: 'Venite, e lasciateci salire, ecc., perché da Sion uscirà la

Torah, ecc. ed Egli giudicherà tra molte nazioni." Ovvero, il Messiah insegnerà loro il lavoro del Bore in equivalenza di forma che è l'insegnamento è la legge del Messiah.

"E proverà alle nazioni potenti", cioè dimostrerà loro che se non si prenderanno carico del lavoro del Bore, tutte le nazioni saranno distrutte da guerre. Ma se accetteranno il Suo insegnamento, si dice a tal riguardo: "Ed essi forgeranno pale dalle loro spade".

Se prenderete la via della Torah e riceverete la spezia, molto bene. E se non lo farete, percorrerete la via della sofferenza, il che significa che le guerre scoppieranno con bombe atomiche e all'idrogeno, e tutte le nazioni del mondo cercheranno consigli su come sfuggire alle guerre. Allora verranno dal Messiah, a Gerusalemme, ed Egli insegnerà loro questo insegnamento (Torah).

Prima di toccare questo argomento, presenterò una breve introduzione sulle qualità umane e dirò che le persone si dividono in due tipi: egoiste e altruiste.

"Egoisti" significa che tutto ciò che fanno è per loro stessi. Se mai fanno qualcosa per un altro, devono avere una buona ricompensa per il loro lavoro, in termini di denaro, rispetto, ecc.

"Altruisti" significa che sacrificano tutti i loro giorni per il benessere degli altri senza alcuna ricompensa. Piuttosto trascurano sempre le proprie esigenze per aiutare gli altri. Inoltre, tra loro c'è chi dà l'anima e la vita a vantaggio degli altri, come troviamo tra i volontari che vanno in guerra per il loro popolo.

Abbiamo trovato anche altruisti in senso più generale, che danno il loro cuore e la loro anima per aiutare gli sbandati di tutte le nazioni del mondo, come i comunisti, che combattono per il bene degli oppressi tra tutte le nazioni del mondo. Sono disposti a pagare per questo con la loro vita e con la loro anima.

L'egoismo è radicato nella natura di ogni persona, come in ogni animale. L'altruismo, comunque, è contro la natura umana. Eppure, a pochi eletti viene impressa questa natura e io li chiamo "idealisti". Tuttavia, la maggioranza di ogni società o stato è fatta di semplice gente in carne e ossa, cioè di egoisti. Solo pochi, al massimo il dieci per cento, sono altruisti d'eccezione.

Adesso arriverò al punto: per la ragione di cui sopra, ossia che gli altruisti sono pochi in ogni società, i primi comunisti, prima dell'epoca di Karl Marx, non riuscirono a diffondere il comunismo nel mondo, come nel detto: "Una rondine non fa primavera".

Inoltre, alcuni di loro stabilirono persino insediamenti comunitari come i kibbutzim nel nostro Paese, ma fallirono perché non poterono resistere.

Questo successe perché tutti i membri della società comunitaria devono essere idealisti altruisti come gli stessi fondatori.

Poiché il novanta per cento delle persone di ogni società, anche la più sviluppata, sono egoiste, non potrebbero stare al passo con l'organizzazione di una società cooperativa, che è puramente altruista per natura.

Questo continuò fino ai tempi di Karl Marx, quando fu ideato un piano di grande successo per l'espansione del comunismo, cioè per incorporare gli stessi oppressi nella guerra del comunismo, in modo che combattessero al loro fianco contro il governo borghese capitalista.

Poiché gli oppressi erano interessati a questa guerra solo per il loro bene, cioè per motivi egoistici, accettarono immediatamente il piano, e così il comunismo si diffuse a tutti i livelli tra gli sbandati e gli oppressi.

Dato che gli sbandati sono la maggioranza della società, non c'è da stupirsi che oggi il comunismo sia riuscito a circuire un terzo del mondo.

Tuttavia, questo abbinamento tra comunisti altruisti e proletariato egoista, sebbene sia riuscito a rovesciare il governo borghese, odiato da entrambi, non riesce ancora a mantenere un governo cooperativo con una distribuzione equa.

Il motivo è molto semplice: una persona non si muove a meno che non ci sia uno scopo che lo obbliga a quel movimento. Quello scopo serve come forza motivante per compiere quel movimento, come carburante che fa muovere una macchina.

Per esempio, uno non muove la mano da un posto all'altro a meno che non pensi che nell'altro posto sarà più comodo riposare la mano. Lo scopo di cercare una posizione più comoda per la sua mano è il carburante che spinge la sua mano da questo posto all'altro.

Inutile dire che un lavoratore che si sforza tutto il giorno deve avere il carburante per i movimenti faticosi che fa, e questa è la ricompensa che riceve per il suo lavoro. La ricompensa che riceve è il carburante che lo motiva al suo duro lavoro. Perciò, se non viene data alcuna ricompensa per il suo lavoro oppure se non ha bisogno di quella ricompensa, non potrà lavorare. Sarà come una macchina a secco; anche il più credulone del mondo non crederà che questa macchina si muoverà mai.

Quindi, in un regime puramente comunista, dove l'operaio sa che non gli sarà dato di più se lavora di più o di meno se lavora di meno, tanto più alla luce del motto assoluto: "Ognuno lavorerà secondo le sue capacità e riceverà secondo le sue necessità", l'operaio non sarà ricompensato per la sua diligenza, né temerà per la sua negligenza.

In questo modo non ha carburante che lo motivi a lavorare. La produttività dei lavoratori si ridurrebbe allora a zero fino a rovinare l'intero regime.

Nessuna educazione al mondo aiuterà a invertire la natura umana per poter lavorare senza carburante, cioè senza ricompensa.

L'eccezione a questa regola è l'idealista, nato naturalmente altruista, per il quale la migliore ricompensa è il bene dell'altro. Questo carburante altruistico è del tutto sufficiente per lui come forza motivante per lavorare, come la ricompensa egoistica per tutte le altre persone. Tuttavia, gli idealisti sono pochi; il loro numero è insufficiente perché la società possa basarsi su loro. Pertanto si capisce che comunismo e altruismo sono la stessa cosa.

So che esistono modi per costringere i lavoratori a completare la loro parte di lavoro che i supervisori daranno loro usando le stesse modalità di un governo borghese, dove ognuno viene ricompensato in base alla sua produttività. Inoltre, ai negligenti possono essere inflitte severe punizioni, come nei Paesi sovietici. Ma questo non è affatto comunismo. Inutile dire che questo non è il paradiso sperato dal regime comunista, un paradiso per cui valesse la pena dare l'anima.

Al contrario, un governo come questo è di gran lunga peggiore di quello capitalista per ragioni inequivocabili che presenterò qui di seguito.

Se quel governo coercitivo fosse stato un passo verso il comunismo perfetto, sarebbe ancora possibile accettarlo e tollerarlo. Ma non è così: nessuna educazione al mondo invertirà la natura umana da egoismo ad altruismo.

Perciò, il regime oppressivo applicato nei Paesi sovietici è un regime eterno che non potrà mai essere cambiato. E quando vorranno trasformarlo in un regime veramente cooperativo, i lavoratori finiranno il carburante. Non saranno in grado di lavorare e distruggeranno il governo. Quindi egoisti e anticomunisti sono la stessa cosa, sono identici.

Inoltre, un governo comunista coercitivo è totalmente insostenibile, poiché un governo dipendente dalla baionetta non può persistere e la maggioranza alla fine si solleverà contro e lo abolirà. Il dieci per cento idealista non sarà in grado di dominare per sempre il novanta per cento egoista e gli anticomunisti, come si vede nei Paesi sovietici e orientali.

Inoltre, anche quel pugno di idealisti comunisti che oggi guidano questi Paesi non è garantito per generazioni, perché gli ideali non sono ereditari.

Anche se i progenitori sono idealisti, non c'è garanzia che la loro progenie ne seguirà l'esempio.

Quindi, come possiamo essere certi che la leadership della seconda o terza generazione sarà nelle mani degli idealisti comunisti come lo è oggi?

Se dicessi che la maggioranza del pubblico li eleggerà sempre, sarebbe un grave errore. La maggioranza egoista del pubblico eleggerà solo coloro che sono vicini al loro spirito, non gli avversari.

Inoltre, è risaputo che i leader di oggi non sono stati affatto eletti dalla collettività. Quindi, chi penserebbe che i rappresentanti eletti dalla collettività saranno sempre gli idealisti? Quando gli egoisti sono al potere, sicuramente revocheranno immediatamente quel governo o almeno lo trasformeranno in una sorta di comunismo nazionale, "una nazione di padroni".

Tutto quel che ho detto corrisponde alla mia visione, cioè come ho dimostrato che comunismo e altruismo sono la stessa cosa e che egoismo e anticomunismo sono la stessa cosa.

Tuttavia, se lo si chiede ai comunisti stessi, lo negheranno con veemenza. Affermeranno il contrario: "Siamo lontani da qualsiasi morale borghese; non abbiamo sentimentalismo. È solo la giustizia che cerchiamo che nessun uomo sfrutti un altro".

In altre parole, questo è secondo l'assunto: "Lascia che sia mio ciò che è mio e lascia che il tuo sia tuo", che è, di fatto, la caratteristica degli egoisti. Quindi, devo vedere le cose dal loro punto di vista e riesaminare questa giustizia che cercano e alla quale dedicano la loro vita.

In primo luogo, secondo lo sviluppo dei regimi comunisti, trovo che i termini "borghesia" e "proletariato" non bastino più a spiegare questa storia economica, e abbiamo bisogno di termini più generali.

È più giusto dividere la società in una classe di persone "diligenti "e una classe di "retrogradi". Nei regimi borghesi, i "diligenti" sono i capitalisti e la classe media. I "retrogradi" sono operai che lavorano per loro. Nei regimi comunisti, quelli diligenti sono i dirigenti, i supervisori e gli intellettuali, e i retrogradi sono gli operai che lavorano per loro.

La maggioranza in ogni società è sempre costituita da retrogradi. I diligenti non sono più del trenta per cento della società. È una legge naturale che la classe dei diligenti sfrutti al massimo la classe dei retrogradi, come accade con il pesce nel mare, dove il forte mangia il debole. È irrilevante che i diligenti siano capitalisti e mercanti, come nei regimi borghesi o che essi siano manager, supervisori, intellettuali e assegnatari, come nei regimi comunisti.

In ultima analisi, i diligenti sfrutteranno al massimo i lavoratori in difficoltà e non avranno alcuna pietà per loro. La persona diligente terrà per sé sempre la panna e il burro, lasciando agli operai solo il siero.

L'unica questione è cosa resta agli operai dopo lo spietato sfruttamento da parte dei diligenti, la misura della schiavitù che questi ultimi impongono loro, e la misura della libertà e dei diritti umani che i diligenti concedono loro. E solo in base alla misura di questi rimasugli che i diligenti lasciano ai retrogradi, dobbiamo esaminare ogni regime, differenziare tra i regimi e scegliere quale sia preferibile.

Ricordiamo ancora una volta ciò che abbiamo detto che l'uomo non può lavorare senza una qualche ricompensa che serva come il carburante a una macchina.

In un regime comunista non altruistico, i lavoratori devono essere ricompensati per il loro lavoro ed essere pesantemente puniti per la loro negligenza.

Tuttavia, servono molti supervisori per vigilare su di loro, perché senza una sufficiente supervisione, le ricompense e le punizioni sono sicuramente insufficienti. E comunque, non c'è lavoro più duro che stare addosso alle persone e tormentarle, perché nessuno vuole fare il boia. Quindi, anche se si mettono ispettori, responsabili di ispettori, e incaricati più in alto ancora per sorvegliarli, saranno tutti negligenti nella loro supervisione, e non pungoleranno abbastanza i lavoratori.

Per questo non c'è nessuna soluzione, se non quella di fornire carburante in abbondanza ai funzionari, sufficiente come ricompensa per un lavoro così duro, cioè il lavoro del boia. In altre parole, gli si deve dare molte volte di più di un semplice operaio.

Quindi, non c'è da stupirsi se i funzionari in Russia sono pagati da dieci a cinquanta volte di più di un semplice operaio; il loro sforzo è da dieci a cinquanta volte più duro di quello di un semplice operaio. Se non sono ricompensati sufficientemente, saranno costretti a trascurare la loro supervisione e lo Stato sarà rovinato.

Ora provate a calcolare in base alla valuta del nostro Paese. Diciamo che un semplice lavoratore guadagni cento lire israeliane al mese. Questo significa che i funzionari più bassi riceveranno mille lire israeliane al mese, dieci volte di più. Così, nell'arco di un anno, egli guadagnerà dodicimila lire israeliane, e nell'arco di dieci anni, centoventimila lire israeliane.

Se da questo detraiamo il dieci per cento per il suo sostentamento, gli rimarranno ventottomila lire. Sembra che dovremmo considerarlo un rispettabile capitalista. Lo è ancora di più con i funzionari superiori.

Così, nel giro di qualche decennio, i funzionari diventeranno milionari, senza rischi, ma solo attraverso lo sfruttamento dei lavoratori. Per questo ho detto che, secondo l'esperienza di oggi, la società non dovrebbe più essere divisa in borghesi e proletari, ma in diligenti e retrogradi.

Si potrebbe dire che questa non è che una fase verso il comunismo puro, cioè che attraverso l'educazione e l'opinione pubblica, le masse saranno educate fino a quando "ognuno lavorerà secondo le sue capacità e riceverà secondo le sue necessità". Poi non ci sarà più bisogno di ispettori o supervisori.

Questo è un grosso errore, perché il motto di ciascuno che lavori secondo le proprie capacità e riceva secondo le proprie esigenze è un motto strettamente altruistico. E ovunque si possa lavorare a beneficio della società senza alcun carburante, è innaturale, a meno che l'altruismo non sia la ragione e il carburante per il lavoro, come da me dimostrato.

Non dobbiamo quindi sperare in un cambiamento in meglio. Al contrario, dobbiamo temere che quel pugno di comunisti idealisti, oggi alla guida dei comunisti, finiscano con non lasciare in eredità la loro leadership ad altri idealisti. La forza egoistica del popolo prevarrà gradualmente, sceglierà una leadership superiore secondo il suo spirito egoista e ripristinerà il metodo capitalistico.

Come minimo, trasformeranno il comunismo in una sorta di comunismo nazionale, una "nazione di padroni", come ha fatto Hitler. Non avranno alcuna inibizione a sfruttare le altre nazioni a proprio vantaggio, se solo ne avranno il potere.

Potreste dire che attraverso l'educazione e l'opinione pubblica, la natura delle masse possa essere invertita in altruismo. Anche questo è un grave errore. L'educazione non può fare di più dell'opinione pubblica, ossia che l'opinione pubblica rispetterà gli altruisti e degraderà gli egoisti.

Finché l'opinione pubblica sostiene l'altruismo attraverso il rispetto e l'ignominia, l'educazione sarà efficace. Tuttavia, se arriverà un momento in cui un oratore esperto e competente terrà un discorso quotidiano che sia opposto all'opinione pubblica, sarà senza dubbio in grado di cambiare l'opinione pubblica come desidera.

Abbiamo già un'esperienza talmente amara nella storia con quel malvagio che ha trasformato in animali selvaggi un popolo ben educato come quello tedesco, con le sue prediche quotidiane.

Parecchie centinaia di anni di educazione sono svaniti come una bolla di sapone, poiché l'opinione pubblica era cambiata, e l'educazione non aveva più nulla su cui basarsi, dato che l'educazione non può esistere senza il sostegno pubblico.

Così, evidentemente, si vede che non c'è speranza di cambiare questo governo coercitivo. Non c'è neanche la speranza che le masse raggiungano mai il vero comunismo, secondo il motto: "Ognuno lavorerà secondo le sue capacità e riceverà secondo le sue necessità".

Piuttosto, i lavoratori devono rimanere eternamente sotto il terribile bastone dei dirigenti e dei supervisori, mentre questi succhieranno sempre il sangue dei lavoratori, come fanno i capitalisti borghesi, se non molto peggio di loro. Dopotutto, nel regime coercitivo dei comunisti, i lavoratori non hanno nemmeno il diritto di scioperare. Carestia e distruzione penderanno sempre sulle loro teste, come ci insegna l'esperimento sovietico. Inoltre, se il governo costrittivo sarà mai revocato, la società andrà certamente in rovina all'istante, perché i lavoratori finirebbero il carburante.

In effetti... Si dice che in un regime comunista conviene che il proletariato soffra, perché loro soffrono per sé stessi, poiché sono i proprietari dei mezzi di produzione, della proprietà, del surplus, e nessuno può sfruttarli. Al contrario, in un regime borghese hanno solo il loro pane quotidiano e tutto il surplus viene dato ai capitalisti. Come sono belle queste parole in superficie.

Eppure, se c'è un briciolo di verità in queste parole, allora esse si applicano alla categoria dei diligenti, che sono i funzionari e i dirigenti che si prendono, in ogni caso, tutti i piaceri del regime autoritario. Ma per il proletariato, cioè per i retrogradi che lavorano, queste sono parole completamente vuote.

Prendiamo le nostre ferrovie, per esempio. Sono proprietà dello Stato, il che significa che la proprietà della ferrovia è nelle mani di tutti i cittadini dello Stato. Chiedo: qualcuno di noi cittadini sente il diritto di possedere una ferrovia? Abbiamo un vantaggio maggiore quando viaggiamo su una ferrovia nazionalizzata rispetto a quando viaggiamo su una ferrovia privata e capitalistica?

Possiamo anche prendere una cooperativa di proprietà interamente del proletariato, come Solel Boneh (una grande società di costruzioni in Israele), di proprietà esclusiva dei lavoratori. Gli operai che lavorano sulla loro proprietà hanno qualche vantaggio in più rispetto a quando lavorano per una proprietà straniera e capitalista?

Temo che chi lavora per l'imprenditore straniero si sentirà molto più a suo agio di chi lavora per Solel Boneh, sebbene sia apparentemente un comproprietario. Solo una manciata di manager ha l'intera proprietà e fa con questa proprietà nazionale come meglio crede. A un privato cittadino è vietato persino chiedere che cosa tali manager stiano facendo e come operano.

Quindi il proletariato non prova alcun piacere nella proprietà dello Stato e dei mezzi produttivi che sono nelle mani dei dirigenti e dei funzionari che li opprimono e li umiliano sempre, come fossero polvere della terra. Qual è allora il surplus che hanno nel regime comunista costrittivo, oltre al loro pane quotidiano?

Non invidio affatto i proletari che sono e saranno nel regime comunista autoritario, sotto il duro peso dei funzionari e degli ispettori, che possono torturarli con ogni sorta di atrocità, senza badare all'opinione pubblica e al mondo, poiché tutti i mezzi pubblicitari sono nelle mani dei funzionari. Nessuno potrà esporre in pubblico le loro malvagità.

Inoltre, tutti saranno vincolati sotto il loro controllo, impossibilitati a lasciare il Paese e fuggire, proprio come i nostri padri furono imprigionati in Egitto, dove nessuno schiavo poteva andarsene per essere libero, poiché ogni lavoratore lascia tutto il surplus della sua produzione per lo Stato, quindi come li lasceranno andare altrove se lo Stato perde il loro surplus? In una parola, un regime comunista non altruistico deve sempre essere composto da due classi: i diligenti che sono i dirigenti, i funzionari, gli intellettuali e la classe dei retrogradi che lavorano e producono, la maggioranza della società.

Per il funzionamento dello Stato, la classe dei diligenti deve, volente o nolente, schiavizzare, stuzzicare e umiliare la classe operaia senza pietà e senza vergogna. Li sfrutteranno dieci volte di più dei borghesi, perché saranno completamente indifesi, poiché non avranno il diritto di scioperare. Non potranno rivelare in pubblico le cattive azioni dei datori di lavoro e non proveranno affatto il piacere del possesso dei mezzi di produzione acquisito dai funzionari.

2) Un'altra cosa, e questa è la più importante. Il comunismo deve correggere qualcosa in più del solo ordine economico. Deve anche garantire il minimo per l'esistenza delle persone nel mondo. In altre parole, deve prevenire le guerre in modo che le nazioni non si distruggano a vicenda. Ho già gridato come una gru nel 1933, nel mio libro *La Pace*, avvertendo che le guerre oggi sono arrivate a tali proporzioni da mettere in pericolo la vita dell'intero pianeta.

L'unico consiglio per evitare che ciò avvenga è che tutte le nazioni adottino il regime del comunismo perfetto, cioè altruistico. Inutile dire che oggi, dopo la scoperta e l'uso delle bombe atomiche, e la scoperta delle bombe all'idrogeno, probabilmente non c'è più dubbio che dopo una, due o tre guerre, l'intera civiltà umana sarà totalmente devastata, senza lasciare alcuna traccia.

Il comunismo egoistico contemporaneo e moderno non può garantire la pace nel mondo, perché anche se tutte le nazioni del mondo adotteranno questo regime comunista, non ci sarà comunque un motivo valido che convinca le nazioni ricche di mezzi di produzione, materie prime e civiltà, a condividere le materie prime e i mezzi produttivi in egual misura con le nazioni povere.

Per esempio, le nazioni dell'America non vorranno eguagliare il loro standard di vita con le nazioni asiatiche o africane o persino con quelle europee. Una singola nazione potrebbe avere il potere di eguagliare il tenore di vita dei ricchi e della classe media (proprietari dei mezzi di produzione) a quello del proletariato, incitando le masse povere, la maggioranza della società, a distruggere la classe ricca e media e a prendere le loro proprietà. Tuttavia, questo consiglio non servirà a costringere una nazione ricca a condividere le sue proprietà e i suoi mezzi di produzione con una nazione povera, poiché la nazione ricca ha già preparato armi e bombe per tenersi lontana dai suoi vicini poveri.

Quindi, a cosa è servito il regime comunista nel mondo? Lascia intatto lo stato di invidia tra le nazioni così come è nel regime capitalista, senza alcun sollievo. Una giusta divisione all'interno di ogni nazione da sola non contribuirà a una giusta divisione tra le varie nazioni.

Perciò, quando il sostentamento di base è sotto un pericolo così immediato, è una perdita di tempo migliorare il governo economico. Farebbero meglio a usare questo tempo per cercare consigli su come salvare la vita stessa di tutta l'umanità.

Vedete bene che l'intero problema del regime comunista di oggi è la mancanza di una ricompensa adeguata, che è il carburante per la forza produttiva dei lavoratori. Quindi, è impossibile impiegarli con successo eccetto che con il carburante di ricompensa e punizione.

Per questo motivo, ci sarà infatti bisogno di ispettori, supervisori e dirigenti che si facciano carico di questo duro lavoro di supervisione dei lavoratori e succhino spietatamente il loro sangue e il loro sudore, rendendo la loro vita infinitamente amara con privazioni e schiavitù. Inoltre, in cambio di questo duro lavoro, devono ricevere una ricompensa adeguata, che non sia inferiore a quella di renderli milionari, perché non vorranno essere boia di loro spontanea volontà per meno di questo, come vediamo nella nazione sovietica.

Per di più, non c'è speranza che questo regime di terrore finisca mai, come promettono gli ottimisti. Né le baionette, né l'educazione o l'opinione pubblica possono cambiare la natura umana per lavorare volentieri senza carburante adeguato.

Quindi, è una maledizione per generazioni. Quando il regime autoritario sarà revocato, i lavoratori non produrranno più prodotti sufficienti per il sostentamento dello Stato. Non c'è cura per questo se non quella di portare nel cuore dei lavoratori la fede nella ricompensa e nella punizione spirituali dal Cielo, da parte di Colui che conosce i misteri.

Così, attraverso un'educazione e una propaganda adeguata, quella ricompensa e punizione spirituali saranno un carburante sufficiente per il frutto del loro lavoro. Non avranno più bisogno di manager o supervisori sul collo, ma ognuno lavorerà volentieri e con tutto il cuore per la società, per ottenere la propria ricompensa dal Cielo.

IL POSITIVO

A) Il comunismo è un ideale, cioè morale. L'obiettivo "lavorare secondo le proprie capacità e ricevere secondo i propri bisogni" lo testimonia.

B) Ogni morale deve avere una base che la affermi, l'educazione e l'opinione pubblica sono una base molto sbagliata, Hitler ne è la prova.

C) Dato che ogni trionfo di un parere è garantito alla maggioranza, non c'è bisogno di dire che la realizzazione del comunismo corretto avviene per mezzo della maggioranza della popolazione. Quindi, è necessario stabilire il livello morale della maggioranza della popolazione su una base che affermi e garantisca che il comunismo corretto non sarà mai corrotto. L'ideale impresso fin dalla nascita nell'uomo è insufficiente, essendo loro una piccola minoranza che non ha valore rispetto alla maggioranza della popolazione.

D) La religione è l'unica base sicura per elevare il livello della collettività al livello morale di: "Lavorare secondo le capacità e ricevere secondo il bisogno".

E)   Il comunismo deve essere allontanato dal concetto di "Lascia che il mio sia mio e che il tuo sia tuo", che è la qualità di Sodoma, per passare al concetto di "Lascia che il mio sia tuo e che il tuo sia tuo", che significa altruismo assoluto. Quando la maggioranza del pubblico accetterà questo insegnamento nella pratica, sarà il momento di "lavorare secondo le capacità e ricevere secondo il bisogno". Il segno sarà che ognuno lavorerà come un lavoratore a contratto.

F)   È vietato nazionalizzare la proprietà prima che il pubblico raggiunga questo livello morale. Dato che finché non è garantito un fattore morale nella maggioranza della popolazione, la collettività non avrà carburante per il lavoro.

G)   Il mondo intero è una sola famiglia. Il quadro di riferimento del comunismo dovrebbe alla fine circondare il mondo intero con un uguale tenore di vita per tutti. Tuttavia, il processo effettivo è graduale. Ogni nazione la cui maggioranza accetta praticamente questi elementi di base, e ha un carburante garantito, può entrare da subito nel quadro del comunismo.

H)   La forma economica e religiosa che il comunismo garantisce sarà la stessa per tutte le nazioni. Ad eccezione delle forme religiose, che non riguardano l'economia e gli altri comportamenti, ciascuna di esse avrà una propria forma che non deve essere cambiata affatto.

I)   Il mondo non deve essere corretto negli affari religiosi prima che sia garantita la correzione economica per il mondo intero.

J) Ci dovrebbe essere un programma dettagliato di tutte le regole sopra citate e le altre regole necessarie a questo proposito. Chiunque rientri nel quadro del comunismo deve prestare un giuramento solenne.

K) In primo luogo, ci deve essere una piccola istituzione la cui maggioranza sia altruista nella misura sopra menzionata. Ciò significa che essi lavoreranno con la stessa diligenza dei lavoratori a contratto, dalle dieci alle dodici ore al giorno e oltre. Ognuno lavorerà secondo le proprie capacità e riceverà secondo le proprie necessità.

Avrà tutte le forme di governo di uno Stato. In questo modo, anche se la struttura di questa istituzione contiene il mondo intero e il regime del pugno di ferro sarà completamente revocato, non ci sarà bisogno di cambiare nulla nella gestione o nel lavoro.

Questa istituzione sarà come un punto focale globale mondiale con nazioni e stati che circolano attorno fino all'estremità del mondo. Tutti coloro che entreranno in questo quadro di riferimento del comunismo avranno lo stesso programma e la stessa leadership del centro. Saranno come un'unica nazione in termini di profitti, perdite e risultati.

L) È proibito severamente ai membri dell'istituzione rivolgersi a qualsiasi istituzione giudiziaria o a qualsiasi forma esistente nel regime autoritario. Ogni conflitto deve essere risolto tra di loro, cioè tra le parti interessate. L'opinione pubblica, che condanna l'egoismo, condannerà il colpevole per aver sfruttato la rettitudine del suo amico.

M) È un dato di fatto che gli ebrei sono odiati dalla maggior parte delle nazioni, e sono meno numerosi per opera loro. È vero per i religiosi, i laici e i comunisti. Non c'è tattica per combattere quest'odio se non quella di portare la vera morale altruistica nel cuore delle nazioni, fino al cosmopolitismo.

N) Se è proibito sfruttare i propri amici, perché si dovrebbe permettere a una nazione di sfruttare le sue nazioni amiche? Cosa giustifica che una nazione si goda la terra più di altre nazioni? Pertanto deve essere istituito il comunismo internazionale.

Così come esistono individui che sono stati privilegiati da diligenza, dal caso o dall'eredità dei loro antenati, in quantità maggiore rispetto ai negligenti, così è tra le nazioni. Quindi, perché la guerra tra individui dovrebbe essere più grande di quella tra le nazioni?

O) Se viveste in un'isola di selvaggi che non potete riportare all'ordine con la via della legge ma solo con la via della religione, avreste dubbi e lascereste che si distruggano a vicenda? Allo stesso modo, per quanto riguarda l'altruismo, sono tutti selvaggi, e non c'è tattica che accetteranno se non attraverso la religione. Chi esiterebbe per abbandonarli a distruggersi l'un l'altro con bombe all'idrogeno?

P) Ci sono tre basi per l'espansione della fede: 1) Soddisfazione dei desideri 2) Dimostrazione 3) Propaganda.

   1. I "desideri" sono come il perpetuarsi dell'anima, una ricompensa, come pure una ricompensa nazionale che è la glorificazione della nazione.

2. La "Dimostrazione" è che il mondo non può esistere senza di essa, tanto meno ai tempi dell'atomo ...

3. La "propaganda" può servire al posto della dimostrazione, se è fatta con diligenza.

Q) A causa della brama di possesso, è impossibile costruire un comunismo altruistico se non viene prima il comunismo egoistico, come dimostrano tutte le società che hanno voluto stabilire un comunismo altruistico prima del marxismo. Tuttavia, ora che un terzo del mondo ha già poggiato le sue basi su un regime comunista egoistico è possibile iniziare a stabilire un comunismo altruistico sostenibile su base religiosa.

R) Il comunismo altruistico annullerà finalmente il regime autoritario. Invece, "ogni uomo farà ciò che è giusto ai suoi occhi". Non dovrebbe sorprenderci, perché era incredibile che i bambini potessero essere educati con la spiegazione, e non solo con il bastone. Ma oggi la maggior parte della gente lo ha accettato e limita le maniere forti sui bambini.

Questo riguarda i bambini che non hanno né pazienza né conoscenza. E lo è ancora di più con una comunità di persone istruite, persone competenti e portate all'altruismo. Non avranno bisogno del regime della forza bruta. Infatti, non c'è niente di più umiliante e degradante per una persona che essere sotto un regime di forza assoluta.

Anche i tribunali non saranno necessari, a meno che si verifichi qualche evento insolito, per cui i vicini non influenzano un individuo particolare.

In tal caso, saranno necessari pedagoghi speciali per far cambiare idea a quella persona attraverso l'argomentazione e la spiegazione del beneficio della società fino a quando quella persona non sarà rimessa in riga.

Se una persona è testarda, e tutto ciò è inutile, la massa si allontanerà da quella persona come se fosse un emarginato fino a quando non sarà costretta a riconnettersi con le leggi della società.

Ne risulta che dopo che è stato stabilito un accordo sul comunismo altruistico con la maggioranza delle persone che hanno condiviso queste regole, queste decideranno immediatamente di non trascinarsi a vicenda in nessun tribunale, agenzia governativa o qualsiasi altro tipo di potere. Piuttosto, tutto sarà fatto con una spiegazione gentile. Quindi, nessuna persona deve essere accettata nella società prima di essere messa alla prova per vedere se è così gretta da non poter essere istruita sull'altruismo.

S) È importante fare una correzione tale che nessuna persona pretenderà che i suoi bisogni siano soddisfatti dalla società. Al contrario, ci saranno persone selezionate che analizzeranno le necessità di ogni persona e si occuperanno di ogni singolo individuo. L'opinione pubblica condannerà chi esige qualcosa per sé come rozzo e spregevole, allo stesso modo del ladro o brigante di oggi.

Perciò il pensiero di ognuno sarà dedicato a donare al prossimo, come è la natura di ogni educazione che calcoli ciò anche prima di sentire le proprie esigenze.

Se vogliamo saltare su un tavolo, dobbiamo prepararci a saltare molto più in alto di quest'ultimo, dopo di che atterreremo sul tavolo. Tuttavia, se vogliamo saltare solo all'altezza del tavolo, cadremo giù.

T) Bisogna ammettere, il comunismo egoistico non è che una fase sulla via della giustizia, una sorta di "Da *Lo Lishma* [non per il Suo nome] a *Lishma* [per il Suo nome]". Tuttavia io sostengo che è arrivato il momento della seconda fase, il comunismo altruistico.

In primo luogo, deve essere stabilito in un Paese, come modello. In seguito, i paesi durante la prima fase lo accetteranno sicuramente. Il fattore tempo è di fondamentale importanza, poiché le carenze e la forza bruta usata nel comunismo egoistico dissuadono la maggior parte del mondo culturale dall'uso di questo metodo.

Perciò il mondo deve essere introdotto al comunismo perfetto, allora la maggior parte dei Paesi civilizzati del mondo lo accetterà senza dubbio. Dobbiamo temere molto che l'imperialismo possa cancellare il comunismo dal mondo, ma se il nostro metodo perfezionato verrà effettivamente pubblicizzato, l'imperialismo rimarrà certamente come un re senza esercito.

U) Chiaramente, non è possibile una vita sociale stabile e corretta a meno che le controversie tra i membri della società non siano risolte dalla maggioranza. Ne consegue che non può esserci un buon regime in una società a meno che la maggioranza non sia buona. Una buona società significa che la maggioranza in essa è buona e una cattiva società significa che la maggioranza in essa è cattiva. Come ho detto sopra, al punto 3, il comunismo non deve essere stabilito prima che la maggioranza della gente nella società sia nel desiderio di dare.

V) Nessuna propaganda può garantire un governo coercitivo sulle generazioni future e in questo caso né l'opinione pubblica né l'educazione saranno d'aiuto, perché tendono naturalmente ad indebolirsi. L'eccezione è la religione, la cui natura è quella di diventare più forte. Vediamo per esperienza che le nazioni che hanno accettato la religione in modo coercitivo e compulsivo all'inizio, la osservano nella generazione successiva in base a una scelta e volentieri. Inoltre, mostrano dedizione e devozione verso di essa.

Dobbiamo capire che, anche se i padri hanno accettato il comunismo altruistico perché erano idealisti, non c'è garanzia che i loro figli li seguiranno in questo regime. Inutile dire che se i padri hanno adottato il comunismo con la coercizione, come avviene nel comunismo egoistico, esso non durerà per generazioni, ma alla fine sarà sopraffatto e revocato. Un regime non può essere imposto tranne che con la religione.

W) Quando dico che un regime comunista non deve essere instaurato prima che ci sia una maggioranza altruista, non intendo dire che questi saranno idealisti per loro volontà. Piuttosto, significa che lo manterranno per motivi religiosi, oltre che per l'opinione pubblica. Questa coercizione è una coercizione che durerà per generazioni, perché la religione è il primo fattore coercitivo.

X) Dobbiamo ricordare tutte le sofferenze, la povertà, la corruzione, le guerre, le vedove e gli orfani del mondo che cercano la salvezza nel comunismo altruistico. In quel momento, non sarà difficile dedicare tutta la vita per salvarli dallo sterminio e da dolori tremendi. Lo è ancora di più per un giovane, il cui cuore non è stato istupidito dalle proprie carenze. Quella persona lo sosterrà certamente con anima e cuore.

Il negativo

1) Se ci sarà una nazionalizzazione prima che il popolo sia pronto per essa, cioè prima che ognuno abbia una base solida e un motivo sicuro che garantisce carburante per il lavoro, sarebbe come se uno distruggesse la sua piccola casa prima di avere i mezzi per costruirne un'altra.

2) Uguaglianza sociale non significa equiparare il livello dei talentuosi e di chi ha successo a quello dei negligenti e degli oppressi. Questo rovinerebbe completamente la società. Piuttosto, significa permettere a ogni persona del pubblico un livello di vita da classe media. Così, anche i negligenti si godranno la vita tanto quanto la classe media.

3) La libertà dell'individuo deve essere mantenuta se non è dannosa per la maggioranza della popolazione. Quelli dannosi non devono essere compatiti e devono essere resi innocui.

4) L'attuale comunismo resiste grazie agli idealisti che lo guidano. Erano idealisti prima di diventare comunisti. Tuttavia, la seconda generazione, quando i leader saranno eletti secondo le opinioni della maggioranza della popolazione, sarà gradualmente revocata, assumendo la forma di nazismo o ritornando al concetto di possesso. Questo perché nulla impedirà loro di sfruttare altre nazioni negligenti.

5) Il comunismo egoistico non ha alcun elemento di prevenzione dalla guerra, poiché alla base di tutte le guerre c'è il territorio in cui si vive, dove ognuno vuole costruirsi sulla rovina dell'altro, sia giustamente sia per invidia che l'altro abbia di più.

Il comunismo basato sul "Lascia che il mio sia mio" in un quadro di uguale divisione non fa nulla per rimuovere l'invidia reciproca fra le nazioni, tanto meno la mancanza di spazio vitale delle nazioni. Non c'è speranza che le nazioni ricche diano una loro parte per adeguarsi a quelle povere, perché "Lascia che il mio sia mio e lascia che il tuo sia tuo" non lo necessita. Solo il comunismo del "Lascia che il mio sia tuo e lascia che il tuo sia tuo" lo risolverà.

6) Perfino oggi vediamo che c'è una forza globale che ha sopraffatto e conquistato tutti i paesi comunisti, comportandosi in questi ultimi come se fosse in casa propria, così nella storia delle nazioni antiche in Grecia e a Roma, ecc. Non c'è dubbio che questa forza si dividerà in pezzi in futuro, come già visto con Tito [Josip Broz Tito]. Quando si dividono, è certo che combatteranno l'uno contro l'altro, perché

come fa la Russia a governare la Cecoslovacchia, o gli altri stati, se non con la spada e la lancia?

7) Nel comunismo, i datori di lavoro desiderano diminuire il livello di consumo dei lavoratori e di aumentare la loro produttività. Nell'imperialismo, i datori di lavoro vogliono e agiscono per aumentare il consumo del lavoratore e per adeguare la sua produttività al consumo.

8) La classe dei governanti e dei supervisori finirà per creare una sorta di esilio in Egitto per la classe operaia, poiché ogni lavoratore lascia il suo surplus nelle mani dei governanti che ne prendono la maggior parte. Perciò i governanti non si lasceranno sfuggire nessun lavoratore per un altro paese. Così, gli operai saranno ingabbiati, sorvegliati come fu Israele nell'Egitto dal Faraone.

9) Infine, la classe dirigente è destinata a mettere a morte tutti i vecchi e gli handicappati della classe operaia, sostenendo che mangiano più di quanto producono e che sono parassiti nel Paese. Nessuno morirà di morte naturale.

10) Se il comunismo si diffonderà in tutto il mondo, metterà a morte ogni nazione che mangia più di quanto produce.

11) Se i profittatori e i mercanti diventeranno distributori, i compratori diventeranno destinatari di misericordia e carità da parte dei distributori, e i distributori si occuperanno di loro come ritengono opportuno o tanto quanto temono gli ispettori.

Un regime non può esistere basandosi sulle armi per sempre

12) Il comunismo non esiste in una società anticomunista perché un regime basato su baionette e lance è insostenibile. Alla fine, la maggioranza della società prevarrà e rovescerà quel governo. Quindi, per prima cosa, deve essere stabilita una maggioranza comunista altruistica e il governo sarà sostenuto volontariamente.

L'abitudine alle ondate di odio e di invidia si rivolterà poi contro i retrogradi

13) Il comunismo costruito su ondate di odio e di invidia non riuscirà solo a far cadere i borghesi, ma non a favorire i retrogradi. Al contrario, gli stessi che si sono abituati all'odio e all'invidia, una volta che i borghesi se ne saranno andati, rivolgeranno le frecce dell'odio contro i retrogradi.

Il comunismo egoistico è destinato a essere in guerra eterna con il pubblico

14) Per sua stessa natura, il regime comunista sarà costretto a essere sempre in guerra con gli anticomunisti. Questo perché ogni persona tende naturalmente al patrimonio. La gente tende naturalmente a prendere la panna e a lasciare il magro siero del latte per gli altri.

La natura non cambia a causa dell'educazione o dell'opinione pubblica. È inimmaginabile che si accetti volentieri una divisione giusta, e le baionette dell'esercito non possono invertire la natura, tanto meno possono farlo l'educazione e l'opinione pubblica.

Gli idealisti per nascita sono pochi. Se diceste che i furti e le rapine sono ben controllati nel regime capitalista, vi risponderei che è perché la legge permette uno spazio per la concorrenza legale. È paragonabile a una persona che riunisce una società in cui la maggioranza è costituita da assassini e rapinatori, e vuole governarli e costringerli a rispettare la legge. Ma per quanto riguarda l'annullamento della proprietà, tutti sono briganti e rapinatori.

Israele è qualificata per mostrare un esempio a tutte le nazioni

15) Il comunismo altruistico si trova raramente nello spirito umano. Perciò, la nazione più nobile deve assumersi l'onere di mostrare un esempio per il mondo intero.

Il Paese è in pericolo. Il comunismo altruistico aiuterà l'integrazione degli esuli

16) La nazione è in pericolo perché prima che l'economia si stabilizzi, ognuno fuggirà in un posto diverso,

perché non tutti possono sopportare la prova quando esiste un modo per vivere comodamente.

Nel comunismo altruistico, l'ideale brillerà su tutte le persone, dando loro una soddisfazione che li renderà pronti a soffrire per questo. Inoltre, richiamerà gli esiliati da tutti i Paesi dato che le preoccupazioni e le guerre di sopravvivenza che tutti sperimentano all'estero daranno la spinta a tornare nella loro terra e a vivere in pace e giustizia.

La filosofia è pronta, ossia la Kabbalah basata sulla religione

17) Ogni metodo pratico richiede anche un rinnovato nutrimento idealistico da contemplare, cioè una filosofia. Rispetto a ciò, esiste già una filosofia completa e pronta, cioè la Kabbalah, anche se è destinata solo ai leader.

Perché noi siamo il popolo scelto per questo?

18) Abbiamo l'impegno di essere un buon esempio per il mondo perché siamo più qualificati di tutte le altre nazioni. Non perché siamo più idealisti di loro, ma perché abbiamo sofferto la tirannia più di tutte le altre nazioni. Per questo motivo, siamo più preparati a cercare consigli che mettano fine alla tirannia sulla terra.

19) Dato che proprietà e controllo non sono cose identiche. Ad esempio, i proprietari delle ferrovie

sono gli azionisti, e il controllo è nelle mani dei gestori, anche se hanno solo una singola azione o nessuna. Lo stesso vale per la compagnia di navigazione, i cui azionisti non hanno il diritto di controllare o consigliare.

Prendiamo ad esempio le navi da guerra. Sono di proprietà dello Stato, eppure non è permesso a nessun civile di salire a bordo. Inoltre, se lo stato dovesse essere in mano al proletariato come proprietà, la gestione sarà in ultima analisi nelle mani degli stessi manager di adesso o di altri con pari temperamento. Il proletariato non potrà metterci piede né avrà un beneficio maggiore di quello che ha ora, a meno che i governanti non siano idealisti, preoccupati del benessere di ogni singolo individuo.

In una parola, rispetto al governo, non fa differenza se la proprietà è data ai capitalisti o allo Stato. Alla fine, sono i manager che li controllano, non i proprietari. Quindi, il fondamento della correzione della società dovrebbe riguardare soprattutto i dirigenti.

"The Taming of Power", 214 ["L'addomesticamento del potere" è un capitolo di "Power," di Bertrand Russell (Filosofo britannico, 1872-1970),]

Allo stesso modo, Avniel ha detto nella Knesset (Herut, data ...) [Benjamin Avniel (1906-1993) è stato un MK (membro della Knesset, il Parlamento israeliano) dalle seconde elezioni alla seste e ha fatto parte del partito Herut]. In Israele, il divario tra il funzionario più basso e quello più alto è di 1,7 volte. In Inghilterra è di dieci volte, e nel resto dei Paesi è più o meno lo stesso. Ma in Russia è moltiplicato per cinquanta. Così, in uno Stato proletario i funzionari e i dirigenti sprecano le loro energie molto più che nei Paesi capitalisti. Questo perché il governo è oligarchico e non democratico. In parole povere, poiché i comunisti controllano gli anticomunisti, ci deve essere l'oligarchia. Questo non cambierà mai, perché comunista significa idealista, che non è la maggioranza.

20) Uno stato di questo tipo, dove i comunisti governano sugli anticomunisti, è obbligato ad essere nelle mani di un gruppo di dirigenti autocratici in dittatura assoluta. Tutte le persone del Paese saranno nelle loro mani come se non fossero nulla. Devono sempre tenere la spada in mano per uccidere, incarcerare, nascondere e rivelare punizioni, privazioni di cibo e ogni sorta di castigo, secondo la decisione arbitraria di ciascun esecutivo. Tutto questo per mantenere gli anticomunisti nel terrore e nella paura, in modo che lavorino per lo Stato e non lo rovinino inavvertitamente o maliziosamente.

21) In uno stato di questo tipo, i dirigenti devono e sono obbligati ad assicurarsi che i membri dello stato non possano scegliere una gestione democratica, poiché la maggioranza del paese è anticomunista.

22) In un tale stato, dove i comunisti governano sugli anticomunisti, i dirigenti sono obbligati assicurarsi che i cittadini non abbiano alcuna possibilità di fare propaganda o di rivelare la terribile ingiustizia che viene fatta ai membri dello stato o alle minoranze presenti nello stato.

In altre parole, i tipografi non devono stampare, i direttori delle sale conferenze devono sorvegliare i relatori cosicché non critichino le loro azioni. Devono punire duramente chiunque pianifichi o anche solo pensi di criticare le loro azioni. Così, il governo avrà il pieno controllo per trattare con loro in modo arbitrario, e non ci sarà nessuno a trattenerli (*Power, ... 21*).

23) L'etica non può contare solo sull'educazione e sull'opinione pubblica, perché l'opinione pubblica ha bisogno solo di ciò che è a favore del pubblico. Quindi, se si viene a dimostrare che la morale è dannosa per il pubblico e che la volgarità è più benefica, si scarta immediatamente la morale e si sceglie la volgarità, come dimostra Hitler.

24) Il comunismo egoistico, basato su ondate di invidia e di odio, non si libererà mai da queste. Piuttosto, quando non ci saranno borghesi, riverseranno il loro odio su Israele. Non dobbiamo fare l'errore di credere che il comunismo egoistico curerà l'odio delle nazioni verso Israele. Solo dal comunismo altruistico possiamo aspettarci tale rimedio.

DIBATTITO

1) Chiaramente, il motto: "Ognuno riceverà secondo i suoi bisogni e lavorerà secondo le sue capacità", è altruismo assoluto. Quando questo viene applicato, allora necessariamente la maggior parte del pubblico o tutto il pubblico sarà corazzato dal criterio: "Lascia che il mio sia tuo". Dunque, ditemi,

quali sono gli elementi che possono portare il pubblico a questo desiderio? Gli elementi di oggi, cioè l'odio dei capitalisti e ogni sorta di animosità che deriva da esso, non faranno che portare l'uomo all'opposto di questo. Ciò instillerà nelle persone il criterio di "Lascia che il mio sia mio ed il tuo sia tuo", che è la Regola degli abitanti di Sodoma, l'opposto dell'amore per gli altri.

2) Non ho nulla da dire a coloro che seguono la corrente, solo a chi ha la propria opinione e la forza di criticare.

3) È risaputo Il concetto fondamentale di Engels, in nome di Marx, sostiene: "La classe oppressa e sfruttata non può essere liberata dalla classe oppressiva e sfruttatrice senza liberare una volta per tutte l'intera società dallo sfruttamento, dall'oppressione e dalla lotta di classe".

Questo contraddice la condotta dei comunisti moderni di massacrare e degradare tutte le parti borghesi della società. Questa potente inimicizia non sarà mai cancellata dai loro figli. Contraddice il fatto che essi stanno creando una classe sovrana, governante, che controlla la classe operaia. Non c'è lotta di classe più dolorosa e deplorevole di questa. Essi pompano via il grasso dal midollo degli operai e lasciano loro gli avanzi insieme alla costante paura della morte o di essere mandati in Siberia.

Dov'è la salvezza qui? Hanno rimpiazzato la classe borghese, che non era affatto così terribile. Infatti, la sua ombra è scomparsa da quando gli operai hanno il potere di scioperare contro di essa. L'hanno sostituita con una classe sovrana, che governa e supervisiona una classe di schiavi sfruttati, perennemente terrorizzati da punizioni molto peggiori di quelle che hanno avuto nella guerra contro i borghesi.

4) Il Paese è diviso in due classi: i "diligenti" e i "retrogradi". I diligenti sono i datori di lavoro e i capi; i retrogradi sono i lavoratori e coloro che vengono guidati. È una legge naturale che i diligenti sfruttino i retrogradi. L'unica questione è quale libertà, quale uguaglianza e tenore di vita lasciano a questi ultimi. E anche quanto lavoro i diligenti esigeranno da loro.

I retrogradi sono sempre la stragrande maggioranza della società. I diligenti non sono che il dieci per cento, che è l'esatta misura necessaria per far funzionare la società. Se la percentuale viene aumentata o diminuita, c'è una crisi.

Queste sono le crisi della società borghese. Le crisi nella società comunista saranno simili ma assumeranno una forma diversa, sebbene con la stessa quantità di sofferenza. Il titolo "diligente" include i loro eredi e quelli che corrompono i diligenti. Il titolo di "retrogradi" si riferisce anche ai diligenti che per qualche motivo sono stati gettati nella classe dei retrogradi.

5) Per quanto riguarda la religione: lo stato morale permanente non deriva dalla religione, ma dalla scienza. "Empiriocriticismo", 324 [Questa è un'affermazione fatta da Lenin nel suo libro, *Materialismo ed empiriocriticismo*].

6) La morale basata sul beneficio della società esiste anche negli animali sociali. Tuttavia, questo non

basta, perché si trasforma in volgarità, laddove è dannosa per la società, come il grande assassino patriottico, portato in palma di mano dai nazionalisti. Perciò, solo la morale basata sulla religione è durevole, valida e insostituibile. Troviamo la stessa cosa tra i popoli selvaggi, il cui livello di moralità è di gran lunga superiore a quello delle nazioni civili.

7) Una società non può essere buona a meno che la sua maggioranza non lo sia. Tuttavia, alcuni stordiscono o seducono la maggioranza cattiva con ogni sorta di espedienti finché essa sarà costretta a scegliere una buona leadership. Questo è ciò che fanno tutte le democrazie. Alla fine la maggioranza imparerà o altri le trasmetteranno questa saggezza, e sceglieranno una cattiva leadership che corrisponde alla loro cattiva volontà.

8) Dobbiamo capire perché Marx ed Engels hanno deciso che la completezza del comunismo significa "lavorare secondo le capacità e ricevere secondo le necessità". Chi li ha costretti a farlo? Perché non era abbastanza ricevere secondo quanto uno produce, senza eguagliare una persona con un negligente o con uno senza figli? Il fatto è che il comunismo non durerà su base egoistica, ma solo su base altruistica, per i suddetti motivi.

NOTIZIE

Proprio nello stesso modo in cui hanno sterminato i capitalisti, furono costretti a sterminare anche i contadini. Inoltre, in riferimento alla gioia di vivere, saranno sempre costretti a distruggere il proletariato. Anche se Marx ed Engels furono i primi a porre la correzione del mondo sul proletariato, non pensarono di farlo in maniera coercitiva, ma piuttosto in modo democratico. Per questo motivo, gli operai dovevano essere la maggioranza, per poi istituire il governo del proletariato dove i leader del regime avrebbero gradualmente effettuato correzioni fino a giungere all'altruismo astratto: ognuno secondo le sue azioni, e ognuno secondo le sue necessità.

Lenin vi aggiunse l'istituzione del regime comunista, forzando l'opinione della minoranza sulla maggioranza, sperando che in seguito l'altruismo sarebbe stato praticato anche tra di loro. Tutto ciò che era necessario a tal fine era un campo armato di operai. Dato che i proprietari dei beni erano dispersi, gli operai potevano prendere il governo con la forza, e poi andare a sottomettere i proprietari deboli per la mancanza di organizzazione.

In questo, egli non era d'accordo con Marx e disse che è proprio il contrario; nei Paesi retrogradi è più facile sconfiggerli, perché basta trasformare i soldati in comunisti e distruttori di proprietari, e prendere i loro beni. È più facile incitare i soldati a uccidere e saccheggiare i proprietari di immobili in un Paese retrogrado.

Per questo egli capì di non poter trovare una moltitudine più rozza che nel suo Paese, e quindi disse che il suo Paese sarebbe stato il primo. Tuttavia, quando vide che in realtà non bastava annientare il dieci per cento dei capitalisti, ma che bisognava eliminare anche milioni di contadini, perse le forze, perché è impossibile distruggere mezza nazione.

Poi arrivò Stalin, che disse che il fine giustifica i mezzi, e si assunse il compito di eliminare anche i contadini. Egli ebbe successo.

Tuttavia, nessuno di loro prese in considerazione che, alla fine dei conti, serve la buona volontà del proletariato perché lavori, e per poter infondere in loro l'attributo dell'altruismo che li porterebbe a questo motto. Questo è assolutamente impossibile. La natura non può essere cambiata in modo che non solo si lavori per i propri bisogni, ma anche per i bisogni del prossimo. Questo è assolutamente impossibile senza coercizione e costrizione. Alla fine, la maggioranza insorgerà e revocherà il regime.

Dicono una bugia coloro che affermano che l'idealismo è innato o è il risultato dell'educazione. Piuttosto, è un risultato diretto della religione. Finché la religione non si diffuse in grande misura in tutto il mondo, il mondo intero era barbaro, senza un briciolo di coscienza.

Solo dopo che i servitori del Creatore si espansero, i posteri degli eretici divennero idealisti. Perciò, l'idealista è tale solo per comandamento dei suoi antenati. Tuttavia, è un comandamento orfano, cioè senza un comandante.

Se la religione dovesse essere completamente abolita, tutti i governi diventerebbero Hitleriani. Nulla impedirebbe loro di aumentare incessantemente i benefici del paese. Ancora oggi i governi non conoscono sentimenti. Tuttavia, c'è ancora un limite alle loro azioni tra la parte immobile e gli idealisti del paese. Quando la religione sarà revocata, non sarà difficile per i governanti sradicare gli idealisti rimasti, così come non fu difficile per Hitler e Stalin.

La differenza tra religiosi e idealisti è che le azioni dell'idealista sono prive di fondamento. Non può convincere nessuno della sua preferenza per la giustizia o chi lo obbliga. Forse non è altro che una debolezza di cuore, come diceva Nietzsche? Non avrà una sola parola sensata da pronunciare, ed è per questo che Hitler e Stalin li hanno sopraffatti. Tuttavia, il religioso si opporrà coraggiosamente al fatto che così è comandato dal Signore, e potrebbe dare la sua vita per questo...

Se le mie parole producono beneficio, bene. Altrimenti, le ultime generazioni sapranno perché il comunismo è stato abolito, non è stato perché non poteva essere sostenuto, come dicono i capitalisti, ma perché i leader non hanno capito come istituire quel regime. Hanno eretto un regime di egoismo dove avrebbero dovuto istituire un regime di altruismo.

Se qualcuno non dovesse essere d'accordo con me e dicesse che l'educazione da sola è sufficiente, lo autorizzo a creare una società basata esclusivamente sull'educazione, ma io non vi parteciperò. So fin troppo bene che si tratta di cose futili. Quindi, potrebbe egli permettermi e lasciami creare una società basata sulla religione?

Appendici e bozze

[Quattordici pezzi che formano appendici o bozze al saggio presentato nella Parte Uno]

SEZIONE UNO

[Questa sezione contiene iscrizioni che sembrano essere titoli che l'autore ha scritto per proprie esigenze nella scrittura del saggio presentato nella prima parte. Si tratta di una sorta di prima bozza generale].

"Il comunismo critico non ha mai rifiutato, né rifiuta ora di rendere fertili i suoi pensieri con abbondanza di concetti ideologici, etici, psicologici ed educativi che si possono raggiungere studiando le varie forme di comunismo" (Antonio Labriola (1843-1904), teorico marxista italiano).[1]

2. "Se oggi pensassimo come Marx ed Engels, come se loro stessi fossero qui oggi, penserebbero in modo diverso... difendendo la lettera morta del loro insegnamento", ecc. (dalle Introduzioni al Manifesto comunista di Georgi Plekhanov (1856-1918)).[2]

---

1 Antonio Labriola, *Saggi sulla concezione materialista della storia*, Parte 1: "In memoria del manifesto comunista", url: _COPY15

2 Georgi Plekhanov, "Le fasi iniziali della teoria della lotta di classe: Un'introduzione alla seconda edizione russa del *Manifesto del Partito Comunista*", url: _COPY13

Morale positiva

1. Evidenza del comunismo altruistico.

2. Per le regole della società comunista altruista.

3. Per il comunismo internazionale.

4. Per una religione benefica.

5. Propaganda per l'espansione della religione.

6. Il comunismo egoistico precede il comunismo altruistico.

7. Per l'esistenza dell'ebraismo.

Negativa

1. La debolezza del regime del comunismo egoistico (8).

2. Le guerre non diventeranno obsolete (9).

3. La prova che il comunismo egoistico non può durare (10).

4. Motivi del sionismo (11).

5. Israele deve essere un modello per le nazioni (12).

6. Riguardo al regime egoistico (13).

7. Etica (14).

10/2 14/8 14/4 Il comunismo è egoistico lungo il cammino, anche se alla fine è altruistico.

8/1 3/3 Il mondo dovrebbe essere diviso in due specie: egoisti e altruisti 0/0.

10/3 10/1 10/2 10/6 La maggioranza della popolazione è sempre anticomunista.

8/2 Per questo motivo, il regime comunista deve fare affidamento sulle baionette.

13/7 Gli svantaggi del governo comunista egoistico.

Dal 8/9 al 9/1 il comunismo non ci salverà dalle guerre.

Il comunismo deve essere internazionale, dal 3/2 al 12/1/2.

11/1 Rafforzare il sionismo, soprattutto i kibbutz, che rischiano di essere cancellati.

Un governo comunista sugli anticomunisti non sopravvivrà con le baionette. Gli idealisti che oggi sono al potere non saranno eletti dalla seconda generazione, ma piuttosto verranno eletti manager egoisti, come loro, e si trasformeranno in nazisti.

Parlo solo al proletariato, cioè ai retrogradi e a quegli idealisti che dedicano la vita a loro. Non parlo, però, ai diligenti perché non mancherà loro nulla sotto nessun regime. Anche nel peggiore dei regimi, non saranno discriminati, e non fa differenza se siano chiamati "industriali", "mercanti" o "manager", "supervisori" o "distributori".

Tuttavia, sebbene l'abbinamento di altruisti ed egoisti abbia avuto così tanto successo nel rovesciare il governo borghese, è del tutto inadatto a creare una società felice e cooperativa, come desiderano i fondatori. Inoltre, è il contrario, poiché l'accoppiamento di comunisti idealisti con egoisti oppressi è destinato a rompersi, lasciando sulla sua scia il caos sociale.

1)   Quanto lasciare?

2)   Qual è la misura della schiavitù?

3)   Qual è la misura della libertà?

Non c'è correzione per i retrogradi, a meno che non scelgano il comitato.

3)   I diligenti non li lasceranno uscire dai loro Paesi.

3)   Alla fine, metteranno a morte gli anziani e i malati.

1)   Quando i commercianti diventeranno distributori, i compratori diventeranno destinatari di beneficenza.

2)   Proprietà e controllo non sono la stessa cosa.

3)   In un regime imposto non ci saranno elezioni democratiche.

2)   In un tale regime, i cittadini sono completamente irrilevanti agli occhi del governo.

2)   In un regime di questo tipo, i dirigenti schiavizzano gli operai ancora di più.

2)   In un regime di questo tipo, i datori di lavoro potranno nascondere la loro crudeltà.

Spiegare l'Hitlerismo

1)   La religione è l'unica base solida per le correzioni.

1)   La religione è l'unica base solida per elevare il livello morale

1)   Persino se all'inizio è imposta, alla fine è volontaria.

2)   Il comunismo non deve essere stabilito prima che l'altruismo si sia diffuso nella maggioranza della popolazione.

1)   Religione e idea si completano a vicenda: Una è per pochi, l'altra per le masse.

3) A causa del desiderio dell'uomo di lavorare di meno e di ricevere di più, si potrà assumere una religione comunista prima che una religione egoistica abbia abbracciato un terzo del mondo.

4) Se arrivaste su un'isola dove i selvaggi si distruggono l'un l'altro, esitereste a offrire loro una religione con cui salvare le loro vite?

5) L'uomo non potrà accontentarsi di comandamenti aridi; ha bisogno di una filosofia che gli spieghi le sue buone azioni. Questo è ciò che hanno preparato.

Sezione due

Per l'introduzione

1) Ho già spiegato le basi delle mie opinioni nel 1933. Ho anche parlato con i leader della generazione, ma all'epoca le mie parole non sono state accettate, anche se ho urlato come una gru e ho avvertito della rovina del mondo. Ahimè, non fece alcuna impressione.

   Ma ora, dopo le bombe atomiche e quelle all'idrogeno, credo che il mondo mi crederà sul fatto che la fine del mondo si avvicina rapidamente, e Israele sarà la prima nazione a essere bruciata, come lo è stata nella guerra precedente. Così, oggi è bene risvegliare il mondo perché accetti l'unico rimedio che ha per continuare a vivere ed esistere.

2) Dobbiamo capire perché Marx ed Engels hanno imposto il comunismo ideale, dove ognuno lavora

secondo le proprie capacità e riceve secondo le proprie necessità. Perché abbiamo bisogno di questa severa condizione, la misura di "Lascia che il mio sia tuo e lascia che il tuo sia tuo", che è altruismo assoluto?

A questo proposito, sono venuto a dimostrare in questo articolo che non c'è speranza che il comunismo esista, se non verrà portato a questo estremo, che è l'altruismo assoluto. Fino ad allora, non ci sono altro che fasi del comunismo.

Una volta dimostrata la giustezza del motto: "Ciascuno secondo la propria capacità e ciascuno secondo le proprie esigenze", dobbiamo vedere se queste fasi sono adatte.

Oggi i termini "borghese" e "proletariato" non bastano più a spiegare la storia dell'economia. Servono piuttosto termini più generali: la "classe dei diligenti" e la "classe dei retrogradi" (sopra nella sezione "Dibattito", al punto 4).

Dopo averlo sperimentato per venticinque anni, restiamo perplessi riguardo alla completa felicità che il regime comunista ci aveva promesso. Coloro che lo odiano dicono che è il male assoluto, e coloro che lo amano dicono che è il paradiso in terra.

In effetti, non dobbiamo cancellare le parole degli oppositori in un colpo solo, poiché quando uno vuole conoscere le caratteristiche di un'altra persona, deve chiedere sia a chi lo ama che a chi lo odia. È una regola che chi lo ama conosca solo le virtù e nemmeno un singolo difetto, poiché "l'amore coprirà tutti i crimini". Chi lo odia è l'opposto: conosce solo i difetti, poiché "l'odio coprirà tutte le virtù".

Così, si conosce la verità quando si sentono le parole di entrambi. Vorrei esaminare a fondo il comunismo e spiegarne vantaggi e svantaggi. Soprattutto, desidero spiegare le correzioni, come si possono correggere tutti i suoi difetti, in modo che tutti vedano e ammettano che questo regime è davvero il regime che porta sia giustizia che felicità.

Quanto eravamo felici quando il comunismo arrivò alla sperimentazione pratica in una nazione grande come la Russia. Ci era chiaro che dopo qualche anno il governo della giustizia e della felicità sarebbe apparso davanti al mondo intero e, di conseguenza, il governo capitalista sarebbe rapidamente scomparso dal mondo.

Ma non fu così. Al contrario, tutte le nazioni civili attribuiscono al regime comunista sovietico ogni brutto difetto. Quindi, non solo il regime borghese non fu annullato, ma crebbe due volte rispetto a prima dell'esperimento sovietico.

SEZIONE TRE

Come mai il comunismo doveva prendere la forma di "ognuno secondo la propria capacità e ognuno secondo le proprie azioni"? Un regime comunista non può esistere in una società anticomunista, perché un governo retto sulle baionette è insostenibile.

Un comunismo costruito su ondate di invidia può solo rovesciare e rovinare i borghesi, ma non giovare al proletariato retrogrado. Al contrario, quando i borghesi saranno annientati, le frecce dell'odio saranno dirette ai retrogradi.

Nulla può garantire un governo potente per le generazioni future, se non la religione. Anche se i progenitori erano idealisti e hanno adottato il comunismo, non c'è certezza che la loro progenie lo seguirà. Inoltre, se i progenitori lo accettarono con la forza e la coercizione, che è la condotta del comunismo egoistico, alla fine si solleveranno e lo demoliranno.

Un regime comunista non può esistere sopra una società anticomunista, poiché dovrebbe combattere gli anticomunisti per tutti i suoi giorni. Questo perché ogni persona è possessiva di natura, e nessuno può lavorare senza *motive power*.

Le baionette dell'esercito non invertiranno la natura umana, e gli idealisti sono pochi. Parecchie migliaia di anni di punizioni ricadono sulle teste di ladri, rapinatori e truffatori, eppure non hanno cambiato la loro natura, anche se possono ottenere tutto legalmente.

È simile a chi si imbatte in una società di ladri e assassini e vuole guidarli e limitarli alle vie legali con la forza. Dovrà esplodere.

Doppio. Doppio. Doppio.

Dato che il trionfo è garantito alla maggioranza, lo è ancor più con l'attuazione del comunismo. Non persisterà, se non attraverso la maggioranza dell'opinione pubblica. Quindi, dobbiamo perpetuare il livello morale della maggioranza dell'opinione pubblica in modo che non venga mai corrotta.

La religione è l'unica base solida che persisterà per generazioni. Il comunismo deve essere trasformato nella modalità "Lascia che il mio sia tuo e lascia che il tuo sia tuo", che significa altruismo assoluto. Dopo che la maggioranza del pubblico lo avrà raggiunto, persisterà: "Ognuno lavorerà secondo le sue capacità e riceverà secondo le sue necessità".

Prima che la maggioranza del pubblico raggiunga questo livello di moralità, è proibito nazionalizzare la proprietà per le ragioni sopra menzionate.

SEZIONE QUATTRO

La nazionalizzazione prima che il pubblico sia pronto ad affrontarla è come demolire la propria casa fatiscente prima di avere i mezzi per costruirne una solida.

La giusta divisione non significa equiparare i dirigenti ai retrogradi. Questo sarebbe rovinoso per il popolo. Piuttosto, significa equiparare i retrogradi a coloro che sono capaci.

Il comunismo egoistico esiste ora grazie a un gruppo di idealisti che lo guida. Eppure, nelle generazioni future, il pubblico non eleggerà idealisti, ma solo i più capaci, che non sono limitati dall'ideale, e allora il comunismo assumerà la forma del nazismo.

Nel comunismo egoistico, i datori di lavoro vogliono ridurre il consumo dei lavoratori e aumentare la loro produttività, perché c'è sempre il dubbio che sia sufficiente o meno. L'imperialismo è migliore in questo, perché i datori di lavoro vogliono aumentare il consumo del lavoratore e uniformare la produttività al consumo.

SEZIONE CINQUE

I termini "borghesia" e "proletariato" non bastano più a spiegare la storia. invece: (dovrebbe essere divisa) una classe di diligenti e una classe di retrogradi.

È una legge naturale che la classe dei diligenti sfrutti la classe dei retrogradi come i pesci nel mare, dove il forte inghiotte il debole. Non fa differenza se i diligenti siano borghesi o funzionari del governo comunista. La domanda è piuttosto: quanta libertà e gioia di vivere lasciano ai retrogradi?

La classe dei diligenti è il dieci per cento, e la classe dei retrogradi da loro guidata è il novanta per cento della società. Non c'è nessuna correzione per i retrogradi, a meno che non siano loro stessi a scegliere i diligenti che li governeranno. Se non hanno questo potere, finiranno per essere sfruttati in modo illimitato dai diligenti.

SEZIONE SEI

La classe dei diligenti, cioè di governanti e ispettori, sarà costretta a creare un esilio d'Egitto per la classe dei retrogradi, che sono gli operai. Questo perché i governanti accumulano tutto il surplus dei lavoratori nelle loro mani e fanno la parte del leone.

Inoltre, per il bene pubblico, non lasceranno scappare nessun lavoratore in un altro Paese, e lo sorveglieranno come Israele in Egitto. Nessuno schiavo dovrà lasciarli ed essere libero. Infine, la classe dei diligenti metterà a morte tutti gli anziani e gli handicappati che mangiano e non lavorano o perfino se mangiano più di quanto possano lavorare, perché ciò è dannoso per la società, ed è noto che loro non hanno sentimenti.

Quando i mercanti e i broker diventeranno assegnatari, i compratori diventeranno destinatari di carità da parte loro. Il loro destino sarà determinato dalla misura di misericordia degli assegnatari o da quanto temono gli ispettori, se avessero interesse in questo.

Dato che la proprietà e il controllo non sono la stessa cosa, per esempio, su una nave che appartiene allo Stato, ogni cittadino ha diritto di proprietà ma non il diritto d'ingresso, dipende solo dal desiderio dell'amministrazione che la controlla. Inoltre, persino se ci fosse un governo proletario, i cittadini non avranno alcun privilegio nelle proprietà del governo rispetto a quello che hanno ora nelle proprietà dei borghesi, poiché tutto il controllo sarà detenuto solo dai dirigenti, che sono oggi i borghesi o da quelli come loro.

Un tale Stato, dove i comunisti governano gli anticomunisti, deve essere nelle mani di un'oligarchia, in una dittatura completa, dove tutti i cittadini sono considerati come nulla, soggetti a punizioni brutali secondo decisioni arbitrarie di ogni singolo esecutivo. Altrimenti non riusciranno a garantire il sostentamento dei bisogni dello Stato. In un regime di questo tipo, il governo deve garantire che non ci siano elezioni democratiche, poiché la maggioranza della popolazione è anticomunista.

Il comunismo egoistico non libera in alcun modo il proletariato. Al contrario, invece dei datori di lavoro borghesi, i quali sono indulgenti con i lavoratori, loro istituiranno una classe di dirigenti e supervisori che schiavizzerà il proletariato con la coercizione e con punizioni dure e amare. L'oppressione e lo sfruttamento saranno raddoppiati, e non sarà in alcun modo più facile per loro se lo sfruttamento avviene per il bene del Paese, perché alla fine, i datori di lavoro e gli oppressori prendono la panna e i lavoratori ricevono il magro siero del latte. In cambio, sono sottoposti a una costante paura di morire o di punizioni più dure della morte.

In uno Stato come questo, dove i comunisti governano sugli anticomunisti, i dirigenti devono fare in modo che i cittadini non possano scoprire il peso e l'oppressione a cui sono sottoposti. Così, dopo che tutte le opere saranno nelle loro mani, proibiranno ai tipografi di stampare e agli oratori di parlare, in modo che non possano criticare in alcun modo le loro azioni. Essi saranno invece costretti a mentire e insabbiare per loro, a rappresentare un paradiso in terra e la loro condizione non sarà mai conosciuta.

E sarà ancora peggio con le minoranze che non sono favorite dai dirigenti per qualsiasi motivo. Saranno in grado di annientarle senza vergogna e senza paura che la loro situazione diventi nota all'esterno. E cosa accadrà agli ebrei che la maggioranza del mondo odia?

In effetti, è verità assoluta che non ci può essere una società buona e completa se la sua maggioranza non è buona, perché chi la gestisce rappresenta le qualità della società, e la società è eletta dalla maggioranza. Se la maggioranza è cattiva, anche chi la dirige sarà necessariamente cattivo, perché i malvagi non sceglieranno per loro dei governanti che non approvano.

Non serve dedurre dalle moderne democrazie, poiché esse usano varie tattiche per ingannare l'elettorato.

Quando diventeranno più sagge e comprenderanno la loro astuzia, le maggioranze eleggeranno certamente dei governanti sulla base del loro spirito. E la loro tattica principale è che prima santificano le persone con una buona reputazione e le promuovono come sagge o come giuste, poi le masse ci credono e li eleggono. Ma una menzogna non persiste per sempre.

Questo spiega l'Hitlerismo. Quello che è successo ai tedeschi è una delle meraviglie della natura. Erano considerati tra popoli con la civilizzazione più elevata e, all'improvviso, da un giorno all'altro, sono diventati dei selvaggi, peggiori delle nazioni più primitive nella storia.

Inoltre, Hitler fu eletto con il voto della maggioranza. Alla luce di quanto sopra, ciò è molto semplice: la maggioranza del pubblico, che è essenzialmente malvagia, non ha opinioni, persino tra le nazioni più civilizzate. Piuttosto, la maggioranza del pubblico viene ingannata. Quindi, anche se la maggioranza del pubblico è malvagia, può esserci una buona leadership.

Tuttavia, se una persona malvagia, capace di scoprire l'inganno che i dirigenti impiegano con le persone famose che creano, viene a presentare le persone che dovrebbero essere elette secondo il loro spirito e il loro desiderio, come fece Hitler (e Lenin e Trotskij [Leon Trotskij, 1879-1940, rivoluzionario marxista ebreo]), non c'è da stupirsi che essi rovescino i dirigenti fraudolenti ed eleggano leader malvagi secondo il loro spirito.

Così, Hitler fu davvero eletto democraticamente, e la maggioranza dell'opinione pubblica si unì dietro a lui. In seguito, egli sottomise e sradicò tutta la gente idealista e fece con le nazioni come voleva e come il popolo desiderava.

Questa è tutta la novità. Fin dall'alba dei tempi, non è mai successo che la maggioranza della collettività abbia governato uno stato. O lo hanno fatto gli autocrati, che, alla fine, hanno una certa misura di moralità o l'oligarchia o i democratici ingannatori. Ma una maggioranza di semplice popolo governò solo ai tempi di Hitler, che, inoltre, promosse la malvagità verso le altre nazioni. Egli innalzò il beneficio pubblico al livello di devozione, poiché comprendeva lo stato d'animo dei sadici. Quando gli sarà dato spazio per scaricare il loro sadismo, lo pagheranno con la loro vita.

Sezione Sette

Il comunismo egoistico non può impedire le guerre, poiché le nazioni diligenti o quelle ricche di materie prime non vorranno dividere equamente con le nazioni povere e sfavorite. Quindi, ancora una volta non dobbiamo sperare nella pace, se non attraverso la prevenzione delle guerre, cioè preparando le armi per difenderci dall'invidia e dall'odio delle nazioni povere e retrograde, proprio come oggi. Inoltre, ci saranno ancora più guerre dovute a cambiamenti di ideali, come il Titoismo e il Sionismo.

Ne ho già parlato e scritto nel 1933, e ho urlato come una gru che le guerre di oggi distruggeranno il mondo, ma non ci credettero. Ma ora, dopo le bombe atomiche e all'idrogeno, penso che tutti mi crederanno quando affermo che se non ci salveremo dalle guerre, sarà la fine del mondo.

Sezione Otto

Se il comunismo è giusto verso ogni nazione, è giusto verso tutte le nazioni. Quale prerogativa e diritto di proprietà sulle materie prime del suolo ha una nazione sulle altre? Chi ha promulgato questa legge sulla proprietà? Tanto più se l'hanno acquisita per mezzo di spade e baionette!

Inoltre, perché una nazione dovrebbe sfruttare un'altra nazione se ciò è ingiusto nei confronti dei singoli individui? In una parola: come l'abolizione della proprietà è giusta per l'individuo, così lo è per ogni nazione. Solo allora ci sarà pace sulla terra.

Considerate questo: Se le leggi sulla proprietà e le regole sull'eredità non permettono il diritto di proprietà agli individui, perché dovrebbero permetterlo a un'intera nazione? Poiché si applica una giusta divisione tra gli individui all'interno della nazione, ci dovrebbe essere anche a livello internazionale una giusta divisione delle materie prime, dei mezzi produttivi e delle proprietà accumulate per tutte le nazioni e in egual misura. Non ci dovrebbe essere alcuna differenza tra bianchi e neri, civilizzati e primitivi, proprio come tra gli individui all'interno di una singola nazione. Non dovrebbe esserci alcuna divisione tra individui, una singola nazione o tutte le nazioni del mondo. Finché permane una qualsiasi differenziazione, le guerre non finiranno.

Non c'è speranza di raggiungere il comunismo internazionale attraverso il comunismo egoistico. Anche se l'America, l'India e la Cina dovessero adottare un regime comunista, non ci sarebbe ancora nessun elemento che costringerà gli americani a eguagliare il loro tenore di vita con i selvaggi e primitivi africani e indiani.

Tutti i rimedi di Marx e Lenin non saranno d'aiuto in questo caso, incitando la classe povera a derubare la classe ricca, poiché i ricchi hanno già preparato le armi per difendersi. Perciò, se non serve a nulla, allora tutto il comunismo egoistico è stato vano, perché non impedirà in alcun modo le guerre.

SEZIONE NOVE

È un fatto che Israele sia odiata da tutte le nazioni, sia per motivi religiosi che razziali, capitalistici, comunisti, cosmopoliti, ecc. È così perché l'odio precede tutte le ragioni, ma ognuno risolve questa avversione secondo la propria psicologia. Nessun consiglio sarà d'aiuto in questo caso, se non quello di avviare un comunismo internazionale, morale e altruistico tra tutte le nazioni.

Israele deve essere la prima tra le nazioni ad instaurare il comunismo internazionale, altruistico. Deve essere un modello che dimostri il bene e la bellezza di questo regime perché essa soffre e soffrirà della tirannia delle nazioni più di tutte le altre nazioni. Come il cuore che brucia prima di tutti gli altri organi. Quindi, è più adatta per istituire prima il giusto governo.

Tutta la nostra esistenza nello Stato di Israele è in pericolo perché, secondo l'attuale ordine economico, ci vorrà molto tempo prima che la nostra economia si stabilizzi. Pochissimi potranno sopportare l'esperienza della tortura nel nostro Paese quando hanno la soluzione di migrare in altri Paesi ricchi. A poco a poco, sfuggiranno al disagio fino a quando non rimarranno troppo pochi per meritare il nome di Stato, e saranno inghiottiti tra gli arabi.

Ma se accetteranno il regime comunista altruistico internazionale, non solo avranno la soddisfazione di essere l'avanguardia per la liberazione del mondo, per cui sapranno che vale la pena soffrire, ma potranno anche controllare la loro anima e abbassare il tenore di vita quando necessario. Saranno in grado di lavorare abbastanza nella misura che garantirà una solida economia allo Stato.

E lo è ancora di più con i kibbutzim, la cui stessa esistenza è costruita sull'idealismo, che naturalmente tramonterà nelle generazioni future, poiché gli ideali non sono ereditari. Senza dubbio, saranno i primi a rovinarsi.

Sezione Dieci

La religione è l'unica base solida per elevare il livello morale della società fino a quando ognuno lavora secondo le proprie capacità e riceve secondo le proprie esigenze.

Non chiaro ...

Se viveste su un'isola di selvaggi, le cui vite non è possibile salvare, impedendo loro di sterminarsi ferocemente, se non attraverso la religione, sareste in dubbio allora se regolare la loro vita con una religione che basti a salvare questa nazione dall'essere sradicata dal mondo?

Rispetto al comunismo altruistico, tutti sono selvaggi. Non c'è alcuno stratagemma per imporre un tale regime al mondo, se non attraverso la religione, perché la costrizione religiosa diventa accettabile nella discendenza, come abbiamo visto accadere in nazioni che hanno accettato la religione con la forza e la coercizione.

Tuttavia, la coercizione attraverso l'educazione e l'opinione pubblica, che non è ereditaria nella discendenza, diminuisce solo col tempo. Perciò, direste che è meglio che il mondo intero si distrugga a vicenda piuttosto che imporre loro una certa causa che li conduca alla vita e alla felicità? È difficile credere che una qualsiasi persona sana di mente esiterebbe in tal caso.

È impossibile avere una società democratica stabile se non attraverso una società la cui maggioranza è buona e onesta, poiché la società è guidata dalla maggioranza, nel bene e nel male. Quindi, il regime comunista altruistico non deve essere instaurato se la maggioranza della popolazione non è pronta a impegnarsi per generazioni. Questo può essere garantito solo attraverso la religione, perché la natura della religione è che, anche se inizia coercitivamente, finisce volontariamente.

Religione e idealismo si completano a vicenda. Dove l'ideale non può essere della maggioranza, la fede governa con forza la maggioranza primitiva, incapace di ideali a causa della brama di possesso, del voler lavorare meno del prossimo e ricevere di più.

È impossibile erigere il comunismo altruistico prima che il comunismo egoistico si espanda.

Tuttavia, ora che un terzo del mondo ha assunto il comunismo egoistico, il potere della religione può essere usato per stabilire il comunismo altruistico.

All'umanità non basteranno aridi decreti che non siano accompagnati da spiegazioni ragionevoli che sostengano e rafforzino questi comportamenti, cioè un metodo filosofico. A questo proposito, esiste già un'intera filosofia che riguarda la volontà di dazione, ossia il comunismo altruistico, sufficiente per essere contemplato per l'intera vita, e quindi a rafforzare sé stessi attraverso atti di dazione.

Sezione Undici

Il comunismo egoistico alla fine adotterà la forma del nazismo completo, ma con l'apparenza di comunismo nazionale. Tuttavia, questa differenza di nomi non inibisce nessuno dagli atti satanici di Hitler. Perciò, i russi saranno la "nazione padrona", e il mondo intero i loro servitori sottomessi come con Hitler.

Nel regime borghese, la libera concorrenza è il carburante primario per il successo. Gli industriali e i mercanti vi giocano, i vincitori sono molto contenti e chi non vince subisce una fine amara. In mezzo a loro c'è la classe del proletariato che non ha alcuna parte in questo gioco. Esso è apparentemente neutrale, né in salita né in discesa. Tuttavia, grazie alla possibilità di sciopero, il tenore di vita è assicurato.

In definitiva, sia nel governo comunista che in quello borghese, i retrogradi non sono adatti alla leadership, sebbene siano la maggioranza della popolazione. Piuttosto, devono eleggere i leader tra i diligenti. Quindi, poiché sono eletti da loro, possono sperare di non essere sfruttati così tanto.

Al contrario, nel governo comunista egoistico, i dirigenti non sono eletti dalla maggioranza dell'opinione pubblica, perché sono anticomunisti, come in Russia e altrove, dove gli eletti sono solo tra i comunisti. Di conseguenza, si trovano di fronte a una fine davvero amara, poiché i lavoratori non hanno un solo rappresentante nella leadership.

Tutto quanto detto sopra rispetta la regola che il proletariato sia anticomunista per natura. Il proletariato non è idealista; rappresenta la stragrande maggioranza della società e pensa che "giusta divisione" significhi ricevere una parte uguale a quella dei diligenti. I diligenti non vorranno mai questo.

Le mie parole si riferiscono solo al proletariato, cioè ai retrogradi, che sono la maggioranza della società. I diligenti e gli intellettuali succhieranno sempre la crema, sia in un governo comunista, sia in un governo borghese. È ragionevole pensare che molti di loro staranno meglio in un regime comunista, poiché non temono le critiche, come è scritto nell'articolo ...

Solo voi, proletariato retrogrado, starete il peggio possibile in un regime comunista. Tuttavia, la classe dei diligenti avrà un nome diverso: dirigenti e supervisori. Loro staranno meglio perché si sbarazzeranno della concorrenza che fa vittime nella borghesia, e riceveranno la loro parte in modo persistente e abbondante.

I retrogradi non hanno né consigli né espedienti per porre fine alla paura, alla disoccupazione e alla bassezza, tranne che il comunismo altruistico. Quindi, le mie parole non sono rivolte ai diligenti e agli intellettuali, perché loro non accetteranno di certo le mie parole.

Solo il proletariato e i retrogradi possono capirmi, e parlo con loro, come a quelli che provano compassione per i retrogradi e commiserano la loro angoscia.

È una delle libertà dell'uomo non essere legato a un solo luogo, come le piante che non possono lasciare il loro habitat. Per questo ogni paese deve assicurarsi di non impedire ai cittadini di trasferirsi in un altro paese. Bisogna anche assicurarsi che nessun paese chiuda le sue porte a stranieri e immigrati.

Non deve essere messo in moto un governo di comunismo altruistico prima che la maggioranza della popolazione sia preparata alla dazione verso il prossimo.

In conclusione, il comunismo altruistico avvolgerà il mondo intero, e il mondo intero avrà lo stesso tenore di vita. Tuttavia, il processo effettivo è lento e graduale. Ogni nazione la cui maggioranza della popolazione sia stata educata alla dazione al prossimo entrerà prima nella struttura del comunismo internazionale.

Tutte le nazioni che sono già entrate nella struttura del comunismo internazionale avranno lo stesso tenore di vita. Così facendo, l'eccedenza di una nazione ricca o diligente migliorerà il tenore di vita di una nazione debole o povera in termini di materie prime e di mezzi di produzione.

La forma religiosa di tutte le nazioni dovrebbe prima di tutto obbligare i suoi membri alla dazione al prossimo nella forma (la vita dell'amico verrà prima della propria vita), come in "Ama il tuo amico come te stesso". Finché in società non si proverà più piacere di quanto ne provi un amico retrogrado.

Questa sarà la religione collettiva di tutte le nazioni che entreranno nel quadro del comunismo. Tuttavia, oltre a questo, ogni nazione potrà seguire la propria religione e tradizione, e l'una non deve interferire con l'altra.

Le regole della religione uguale per il mondo intero sono le seguenti:

1) Un uomo dovrebbe lavorare per il benessere della gente per quanto può e persino più delle proprie capacità, se necessario, fino a quando non ci sarà né fame né sete in tutto il mondo.

2) Si può essere diligenti, ma nessuno può beneficiare della società più dei retrogradi. Ci sarà uno standard di vita uguale per tutti.

3) Tuttavia, nonostante esista la religione, occorre conferire onorificenze in base ad essa: più grande è il beneficio che si apporta alla società, più alta sarà la decorazione che si riceverà.

4) L'astenersi dal manifestare la propria diligenza per il bene della società comporterà una punizione secondo le leggi della società stessa.

5) Ognuno si impegna a elevare sempre più in alto il tenore di vita della società mondiale, in modo che tutte le persone del mondo godranno della loro vita e si sentiranno sempre più felici.

6) Lo stesso vale per la spiritualità, anche se non tutti sono obbligati a impegnarsi nella spiritualità, ma solo persone speciali, a seconda delle necessità.

7) Ci sarà una sorta di corte suprema. Coloro che vorranno dedicare il loro lavoro alla vita spirituale dovranno essere autorizzati a farlo da questo tribunale.

Inoltre, per redigere le altre leggi necessarie:

Chiunque, individualmente o in gruppo, si trovi nel quadro del comunismo altruistico, deve giurare solennemente di mantenere tutto questo perché il Signore lo ha comandato. Come minimo, si deve promettere di insegnare ai propri figli che il Signore ha comandato così.

Chi dice che l'ideale è sufficiente deve essere accettato e messo alla prova per vedere se dice il vero. Se è vero, è possibile accettarlo. A ogni modo, deve promettere di non trasmettere i suoi modi eretici ai figli, ma di consegnarli perché siano educati dallo Stato. Se uno non accetta nessuna delle due opzioni, non deve essere accettato in alcun modo. Avrebbe corrotto i suoi amici e avrebbe perso più di quanto avrebbe guadagnato.

In primo luogo, ci deve essere una piccola istituzione, la cui maggioranza è disposta a lavorare quanto più possibile e a ricevere tutto ciò di cui ha bisogno per motivi religiosi. Lavorerà con la stessa diligenza dei lavoratori a contratto, anche più delle otto ore di lavoro giornaliere. Conterrà tutte le forme di governo di uno Stato completo. In una parola, l'ordine di quella piccola società sarà sufficiente per tutte le nazioni del mondo, senza aggiunte o sottrazioni.

Questa istituzione sarà come un punto focale globale che si allargherà alle nazioni e agli stati che la circondano fino agli angoli più remoti del mondo. Tutti coloro che entrano in questo quadro assumeranno la stessa leadership e lo stesso programma dell'istituzione. Così, il mondo intero sarà un'unica nazione, in termini di profitti, perdite e risultati.

Le sentenze basate sulla forza saranno completamente revocate in questa istituzione. Piuttosto, tutti i conflitti tra i membri della società saranno risolti tra le parti interessate. L'opinione pubblica generale condannerà chiunque sfrutti la rettitudine del suo amico per il proprio bene.

Ci sarà ancora un tribunale, ma servirà solo a risolvere i dubbi che sorgeranno tra le persone, ma non farà affidamento su alcuna forza. Chi respinge la decisione del tribunale sarà condannato dall'opinione pubblica, e niente di più.

Non dobbiamo dubitare della sufficienza di ciò, dato che era incredibile che i bambini potessero essere educati solo con la spiegazione, anziché solo attraverso il bastone. Oggi, però, la maggior parte della civiltà si è assunta la responsabilità di non picchiare i bambini, e questa educazione ha più successo del metodo precedente.

Se c'è qualcuno di inusuale nella società, non deve essere portato davanti a un tribunale che si affida alla forza, ma deve essere riformato attraverso l'argomentazione, la spiegazione e l'opinione pubblica. Se tutte le strategie non lo aiutano, la collettività si allontanerà da quella persona come se fosse un emarginato. Così, egli non potrà corrompere gli altri nella società.

È importante stabilire che nessuna persona esigerà la soddisfazione dei suoi bisogni dalla società. Ci saranno invece degli incaricati che andranno di porta in porta, esaminando i bisogni di ognuno, e si occuperanno di questo da soli. Così, i pensieri di tutti saranno dedicati a donare al prossimo, e non si dovrà mai pensare ai propri bisogni.

Ciò si basa sull'osservazione che nel consumare siamo come qualsiasi altro animale. Inoltre, ogni atto disgustoso nel mondo deriva dal consumo. E viceversa, vediamo che ogni atto gioioso nel mondo deriva dall'attributo della dazione al prossimo. Quindi, dovremmo limitare e rifiutare i pensieri di consumo per noi stessi, e riempire la nostra mente solo con pensieri di dazione verso il nostro prossimo. Questo è possibile nel modo sopra descritto.

La libertà dell'individuo deve essere mantenuta finché non è dannosa per la società. Tuttavia, chi vuole lasciare la società a favore di un'altra non deve essere trattenuto in alcun modo, anche se ciò è dannoso per la società, e anche allora, fare in modo che la società non sia del tutto rovinata.

SEZIONE DODICI

Propaganda

Ci sono tre principi per l'espansione della religione: Soddisfazione dei desideri, Dimostrazione e Propaganda.

1) Soddisfazione dei desideri:

    In ogni persona, anche nel laico, c'è una scintilla sconosciuta che esige l'unione con Dio. Quando a volte si risveglia, risveglia la passione di conoscere Dio o di negare Dio, che è la stessa cosa. Se qualcuno genera in quella persona la soddisfazione di questo desiderio, concorderà su tutto. A questo bisogna aggiungere la questione dell'immortalità dell'anima, la ricompensa per il prossimo mondo, la gloria dell'individuo, la gloria della nazione.

2) Dimostrazione:

Non c'è esistenza al mondo senza di essa, tanto più ai tempi dell'atomo e delle bombe all'idrogeno.

3) Propaganda:

Bisogna assumere gente per far circolare le suddette parole nella collettività.

Il comunismo egoistico precede il comunismo altruistico, perché una volta che questo ha il controllo per abolire la proprietà, è possibile insegnare che l'annullamento della proprietà sarà dovuto all'amore per gli altri.

La seconda fase del comunismo, essendo il comunismo altruistico, deve essere affrettata, poiché i difetti e la forza usata nel comunismo egoistico dissuadono il mondo da questo metodo. Quindi, è tempo di mostrare la fase finale del comunismo altruistico, che possiede solo piacevolezza e non ha difetti.

Dobbiamo anche temere che la terza guerra scoppi prima e il comunismo svanisca dal mondo. In una parola, non c'è colpo più duro per il governo capitalista di questa forma perfetta di comunismo menzionata sopra.

Stiamo già testimoniando che il regime capitalistico è forte e che il proletariato dei paesi capitalisti detesta il regime comunista. Questo sta accadendo a causa della coercizione e della forza necessarie per il controllo di un piccolo gruppo di comunisti su una società anticomunista.

Non dobbiamo quindi aspettarci che il regime si annulli da solo. Al contrario, il tempo gioca a loro favore. Finché i governi comunisti accerchieranno il mondo, la coercizione e la soggezione che ne derivano saranno evidenti, cose che ogni persona comune detesta totalmente, poiché un uomo sacrificherà tutto per la propria libertà.

C'è un'altra cosa: poiché il comunismo non si sta diffondendo nei paesi civilizzati, ma in quelli primitivi, alla fine ci sarà una società di paesi ricchi con un alto tenore di vita e un governo capitalista, e una società di paesi poveri con un basso tenore di vita e un governo comunista. Questa sarà la fine del comunismo. Nessuna persona libera vorrà sentirne parlare; sarà aborrito come oggi è aborrito un regime con schiavi venduti a vita.

Per l'espansione e la propaganda:

Dobbiamo ricordare che tutta l'agonia, la povertà, i massacri, ecc. possono essere corretti solo attraverso il comunismo altruistico. In tal caso, non sarà difficile per una persona dare la vita per esso.

Il giudaismo deve presentare qualcosa di nuovo alle nazioni. Questo è ciò che si aspettano dal ritorno di Israele nella sua terra! Non è in altri insegnamenti, perché in questi non abbiamo mai fatto innovazioni. In essi siamo sempre stati loro discepoli. Piuttosto, è la saggezza della religione, della giustizia e della pace. In questo, la maggior parte delle nazioni sono nostri discepoli, e questa saggezza è attribuita solo a noi.

Se questo ritorno sarà cancellato, il sionismo sarà cancellato del tutto. Questo Paese è molto povero e i suoi abitanti sono destinati a sopportare molte sofferenze. Indubbiamente, sia loro che i loro figli lasceranno gradualmente il paese, e ne rimarrà solo un numero insignificante, che alla fine sarà inghiottito dagli arabi.

La soluzione per questo è solo il comunismo altruistico. Non solo unisce tutte le nazioni per essere una cosa sola, aiutandosi a vicenda, ma conferisce a ciascuna di esse la forza della tolleranza. La cosa più importante: il comunismo produce grande forza lavoro; quindi la produttività compenserà gli svantaggi della povertà.

Se adotteranno questa religione, si potrà costruire il Tempio e ripristinare l'antica gloria. Questo dimostrerebbe certamente alle nazioni la giustezza del ritorno di Israele nella loro terra, perfino agli arabi. Al contrario, un ritorno laico come quello odierno non impressiona affatto le nazioni, e dobbiamo temere che vendano l'indipendenza di Israele per i loro bisogni, e inutile dire che torneranno a Gerusalemme. Questo spaventerebbe persino i cattolici.

SEZIONE TREDICI

Finora ho dimostrato che comunismo e altruismo sono una cosa sola, e anche che egoismo e anticomunismo sono la stessa cosa. Tuttavia, tutto questo è la mia teoria. Se chiedeste ai leader comunisti stessi, questi la negherebbero senza riserve.

Invece, sosterrebbero che sono lontani da qualsiasi sentimentalismo e moralità borghese e cercano solo la giustizia per mezzo del "lascia che il mio sia mio e lascia che il tuo sia tuo". (Tutto questo è venuto loro in mente a causa del loro legame con il proletariato). Esaminiamo quindi le cose secondo la loro percezione e analizziamo questa giustizia che cercano.

Secondo lo sviluppo dei governi di oggi, i termini "borghesia" e "proletariato" non sono più sufficienti per spiegare la storia. Hanno bisogno di definizioni più generali. Dovrebbero essere determinate dai nomi "diligenti" (che nel secondo regime sono i capitalisti, e dirigenti nel regime comunista), e "retrogradi".

Ogni società è divisa in "diligenti" e "retrogradi". Circa il venti per cento è costituito da diligenti, e l'ottanta per cento di retrogradi. È una legge naturale che la classe dei diligenti sfrutti la classe dei retrogradi come i pesci in mare, dove i forti mangiano i deboli. A questo proposito, non fa differenza se i diligenti siano capitalisti borghesi, manager, supervisori o intellettuali. Alla fine, lo stesso venti per cento diligente succhierà sempre la panna e lascerà il magro siero di latte ai lavoratori. Ma la questione è quanto sfruttano i retrogradi, e quale dei due tipi sfrutta di più i retrogradi: i borghesi o i manager e supervisori.

Sezione Quattordici

La base di tutta questa spiegazione è la manifestazione della sostanza della creazione, spirituale e corporea, la quale non è altro che la volontà di ricevere che è esistenza da inesistenza. Tuttavia, ciò che questa sostanza riceve estende esistenza da esistenza.

Perciò, è chiaramente noto ciò che è buono e ciò che il Bore ci chiede, ossia l'equivalenza della forma. Per la natura della sua creazione, il nostro corpo non è che un desiderio di ricevere, e per niente di dazione. Questo è l'opposto del Bore, che è tutto al fine di dare e non ricevere affatto, perché da chi Egli riceverebbe? È in questa disparità di forma che la creazione si è separata dal Bore.

Quindi, ci viene comandato di rispettare Torah e *Mitzvot* [comandamenti] per dare contentezza al Bore e donare al prossimo per acquisire la forma di dazione e aderire ancora una volta al Bore come prima della creazione.

LE DIFFERENZE TRA ME E SCHOPENHAUER

[Arthur Schopenhauer (1788-1860), filosofo tedesco]

1) Lui la percepisce come un'essenza a sé stante, mentre io la percepisco come un tipo e un predicato. La sua essenza può essere sconosciuta, ma qualunque essa sia, estende esistenza dall' esistenza.

2) Egli percepisce il desiderio stesso come un'ambizione che nessun obiettivo può far cessare, ma è piuttosto un salire costante e una spinta perpetua. Per me, invece, è limitato nel ricevere certe cose, e può essere saziato, ossia indirizzato.

Tuttavia, il raggiungimento della meta aumenta la volontà di ricevere, come in: chi ha cento vuole duecento. Prima di questo, la volontà di ricevere era limitata nell'ottenere solo una porzione e non desiderava duecento. In questa maniera, il desiderio costante è espansione del desiderio; non è il desiderio stesso di ricevere.

3) Egli non distingue tra la volontà di dare e la volontà di ricevere. Per me, solo la volontà di ricevere è l'essenza della creatura, mentre la volontà di dare in essa è una luce divina, attribuita al Bore e non alla creatura.

4) Egli percepisce il desiderio stesso come un oggetto, e ciò che desidera la considera una forma e un caso nell'oggetto. Per me l'accento è piuttosto sulla forma del desiderio, cioè la volontà di ricevere, ma il portatore della forma della volontà di ricevere è un'essenza sconosciuta.

1) ... Dato che egli considera il desiderio come soggetto, deve definire un qualche desiderio generale, senza forma. Così, sceglie l'aspirazione infinita per la materialità, e la cosa desiderata è la forma. Eppure, in verità, qui non c'è un desiderio infinito, ma un desiderio crescente che cresce secondo una direzione che è la forma e il caso nel desiderio.

A) Nel suo metodo, è un'essenza, e nel mio, una forma.

B) Nel suo metodo, è un desiderio senza fine, e nel mio, è limitato nella sua direzione.

C) Nel suo metodo, non c'è differenza tra dazione e ricezione, nel mio, la volontà di dare è una scintilla del Bore.

D) Nel suo metodo, il desiderio è una sostanza e la qualità della ricezione è la forma, nel mio, la qualità della ricezione è la sostanza della creazione e il portatore della qualità è sconosciuto. Qualsiasi cosa sia, è esistenza da esistenza.

Parte Due

I LEADER DELLA GENERAZIONE

È nella natura delle masse credere che un leader non abbia pensieri e interessi personali, ma che abbia abbandonato la sua vita privata e l'abbia dedicata al bene comune. In effetti, è così che dovrebbe essere. Se il leader danneggia un membro della collettività per interesse personale, è un traditore e un bugiardo. Una volta che la collettività lo viene a sapere, lo calpesterà fino a metterlo a terra.

Infatti l'uomo ha due tipi di interessi personali: 1) interessi materiali, 2) interessi psicologici.

Non esiste un leader al mondo che non deluderà il pubblico per interessi psicologici. Per esempio, se uno è misericordioso, e quindi evita di eliminare i malfattori o di mettere in guardia su di loro, allora distrugge il pubblico per un interesse personale. Potrebbe avere paura delle vendette, persino di quella del Bore, e quindi si astiene dal fare le correzioni necessarie.

Così, se vuole annullare gli interessi materiali, non vorrà annullare gli interessi idealistici o religiosi a favore del pubblico, anche se potrebbero essere solo sue sensazioni personali. La collettività in generale può non avere rapporti con loro, perché distinguono solo la parola "interesse", dato che anche la cosa più idealistica non ostacola "l'interesse".

L'AZIONE PRIMA DEL PENSIERO

Come nel desiderio e nell'amore, lo sforzo per ottenere un oggetto crea amore e apprezzamento dell'oggetto. Allo stesso modo, le buone azioni generano amore per il Bore, l'amore genera *Dvekut* [adesione], e la Dvekut genera intelligenza e conoscenza.

TRE POSTULATI [ASSIOMI]

Evidentemente libero, evidentemente immortale, evidentemente esistente [l'ultima parola non è chiara nel manoscritto ed è quindi una supposizione]. Sono relativi alla ragione pratica (etica), al bene più sublime.

VERITÀ E FALSITÀ

È noto che pensiero, materia e desiderio sono due variazioni [differenze di forma] della stessa cosa. Così, la replica psicologica di assenza fisica ed esistenza è verità e falsità. In questo modo, la verità, come esistenza, è la tesi, e la falsità, come assenza, è l'antitesi. La sintesi desiderata è la progenie di entrambe.

[Qui e di seguito, le parole "nuova pagina" segnano l'inizio di una nuova pagina o di una nuova sezione del manoscritto].

OPINIONE DELL'INDIVIDUO E OPINIONE PUBBLICA

L'opinione dell'individuo è come uno specchio dove sono raccolte tutte le immagini delle azioni benefiche e dannose. L'uomo guarda quelle esperienze, seleziona quelle buone e benefiche, e rifiuta le azioni che gli hanno fatto del male. Questo si chiama "memoria cerebrale".

Per esempio, il mercante segue la memoria cerebrale per ogni tipo di merce in cui ha subito perdite e i motivi. È così anche con le merci che gli hanno fruttato dei profitti e le ragioni. Queste sono disposte come in uno specchio di esperienze nella sua mente. In seguito, egli seleziona il bene e rifiuta il male. Infine, diventa un mercante buono e di successo. Una persona tratta più o meno allo stesso modo ogni esperienza della vita.

In modo simile, il pubblico ha una mente collettiva, una memoria cerebrale e un immaginario collettivo dove sono impressi da ogni persona tutti gli atti legati al pubblico e alla collettività, quelli benefici e quelli dannosi. Così sceglie anche gli atti benefici e coloro che li fanno, e vuole che coloro che li compiono persistano. Inoltre, tutti coloro che compiono cattive azioni e danneggiano la collettività sono impressi nell'immaginazione e nella memoria cerebrale, perciò sono detestati e si cercano tattiche per liberarsene.

Per questo motivo, si lodano e glorificano gli autori di atti benefici per motivarli sempre più a compiere tali atti. È da qui che provengono gli ideali, gli idealisti e tutti gli attributi positivi, così come la saggezza dell'etica.

Al contrario, saranno condannati duramente quelli che compiono azioni dannose, in modo da fermarli e liberarsene. Questa è l'origine di ogni tratto maligno, del peccato e della bassezza del genere umano. Così, l'impressione dell'opinione dell'individuo è del tutto simile all'impressione dell'opinione pubblica. Tuttavia, questo è vero solo per quanto riguarda beneficio e danno.

LA CORRUZIONE NELL'OPINIONE PUBBLICA

La corruzione nell'opinione pubblica è che il pubblico non è organizzato secondo la maggioranza, ma solo secondo i potenti, cioè quelli assertivi. È come si dice, che venti persone governano tutta la Francia. Nella maggior parte dei casi, sono i ricchi che non sono che il dieci per cento della collettività, e sono sempre i profani tra la gente (anche agli occhi del pubblico).

Fanno del male al pubblico e lo sfruttano. Quindi, l'opinione pubblica non ha il controllo del mondo. Piuttosto, è l'opinione di coloro che portano danno che controlla il pubblico. Così, anche gli idealisti che sono stati santificati nel mondo non sono che demoni e angeli sabotatori nei confronti della maggioranza del pubblico.

Non solo la religione, ma anche la giustizia favorisce solo i ricchi, a maggior ragione l'etica e gli ideali.

L'ORIGINE DELLA DEMOCRAZIA E DEL SOCIALISMO

Da qui nasce l'idea di democrazia, per cui la maggioranza dell'opinione pubblica prenderà in mano il sistema giudiziario e la politica. Il socialismo richiede anche che il proletariato prenda in mano il proprio destino. In breve, la maggioranza vuole determinare l'opinione pubblica, decidere tra benefico e dannoso per loro e determinare tutte le leggi e gli ideali di conseguenza.

LA CONTRADDIZIONE TRA DEMOCRAZIA E SOCIALISMO

La contraddizione tra democrazia e socialismo, come si vede in Russia, è che il dieci per cento controlla l'intero pubblico con una dittatura assoluta. Il motivo è semplice: una divisione giusta richiede degli idealisti. Questo non si trova nella maggioranza della popolazione. Quindi, in definitiva, è destinato a cadere, e non c'è cura per questo se non attraverso la religione, dall'alto, che trasformerà l'intero pubblico in idealisti.

CONTATTO CON LUI

La gente immagina che una persona che ha contatti con Lui sia una persona... natura, e che dovrebbero temere di parlare con Lui, tanto meno di trovarsi nelle sue immediate vicinanze. È nella natura umana il temere qualsiasi cosa al di fuori della natura della creazione. La gente teme anche qualsiasi cosa non comune, come i tuoni e i rumori forti.

Tuttavia, Lui non è così. Questo perché, anzi, non c'è niente di più naturale che entrare in contatto con il suo Creatore, perché Egli ha creato la natura. Infatti, ogni creatura è in contatto con il proprio Creatore, come è scritto: "Tutta la terra è piena della Sua gloria", solo che non lo sappiamo e non lo sentiamo.

In realtà, al servitore che merita il contatto con Lui viene aggiunta solo la consapevolezza. È come se uno avesse un tesoro in tasca e non lo sapesse. Arriva un'altra persona e gli fa sapere cosa ha in tasca. Ora è davvero diventato ricco.

Eppure, qui non c'è nulla di nuovo, non c'è motivo di eccitarsi. In effetti, non è stato rinnovato nulla nella realtà attuale. Lo stesso vale per chi merita amore in più per cui sa di essere figlio del Creatore: nulla è cambiato nella sua realtà attuale, se non la consapevolezza che prima mancava.

Perciò, anzi, la persona che lo merita, grazie a questo diventa molto più naturale, semplice e molto umile. Si potrebbe anche dire che prima di questo dono, quell'individuo e tutte le persone erano al di fuori della semplice natura. Questo avviene perché ora egli è uguale, semplice e comprende tutte le persone. Egli è molto coinvolto da loro, e nessuno è più vicino alle persone di lui, ed è solo lui che dovrebbero amare, perché non hanno un fratello più vicino di quanto lo sia lui.

RICOSTRUIRE IL MONDO

Si vedano "Opinione dell'individuo e opinione pubblica" e "La contraddizione tra democrazia e socialismo".

Si è chiarito lì che fino ad ora l'opinione pubblica si è evoluta ed è stata costruita secondo i potenti della società, ossia gli assertivi. Solo recentemente le masse si sono evolute attraverso la religione, la scuola e le rivoluzioni, e hanno cercato il metodo della democrazia e del socialismo.

Tuttavia, secondo la legge naturale per cui "l'uomo è nato puledro di un asino selvatico", e l'uomo è il risultato di un animale selvatico e di una scimmia secondo il metodo di Darwin o secondo quello dei nostri saggi per cui, dopo il peccato, la specie umana decade a scimmia, perché "tutti di fronte a Eva sono come una scimmia di fronte all'uomo". Comunque, secondo il merito dell'uomo, che consiste nella preparazione intellettuale, questi ha continuato a svilupparsi attraverso le azioni e la sofferenza e, adottando la religione, la politica e il sistema giuridico della pace, alla fine, è diventato civile. In effetti, tutto questo sviluppo è stato posto unicamente sulle spalle della migliore parte della società, le masse li hanno seguiti come un gregge.

Quando le masse hanno aperto gli occhi per prendere il loro destino in mano, hanno dovuto revocare tutte le correzioni e le leggi degli assertivi, ossia religione, sistema giuridico della pace e politica. Questo perché esse erano in accordo solo con lo spirito degli assertivi, secondo il loro sviluppo e per il loro bene.

Così, hanno dovuto costruire il mondo di nuovo. In altre parole, sono simili all'uomo primitivo, la scimmia darwiniana, dato che non sono loro ad aver vissuto le esperienze che hanno determinato la loro misura di sviluppo. Fino ad oggi, la successione dello sviluppo è stata sulle spalle degli assertivi, non sulle masse, che finora erano terra vergine.

Perciò, il mondo è ora in uno stato di totale rovina. È molto primitivo in senso politico, come nell'era degli abitanti delle caverne. Non hanno vissuto le esperienze e le azioni che hanno portato gli assertivi a farsi carico di religione, educazione e sistema giuridico della pace.

Quindi, se lasciamo che il mondo si sviluppi secondo il suo ordine naturale, il mondo di oggi è costretto a subire tutte le sofferenze e le distruzioni che l'uomo primitivo ha vissuto fino a quando non è stato costretto ad assumere una giustizia politica permanente e benefica.

Il primo frutto della rovina è arrivato su di noi sotto forma di nazismo, che in definitiva è solo una diretta propaggine della democrazia e del socialismo, cioè della leadership della maggioranza, una volta che siano stati rimossi i vincoli della religione, delle buone maniere e del sistema giuridico della pace.

IL NAZISMO NON È UNA DERIVAZIONE DELLA GERMANIA

Si scopre che il mondo considera erroneamente il nazismo una particolare propaggine della Germania. In realtà, è la propaggine di una democrazia e di un socialismo che sono rimasti privi di religione, educazione e sistema giuridico della pace. Così, tutte le nazioni sono uguali in questo, e non c'è alcuna speranza che i nazisti periscano con la vittoria degli Alleati, perché domani gli anglosassoni adotteranno il nazismo, poiché anche loro vivono in un mondo di democratici e nazisti.

Ricordate che anche i democratici devono abiurare alla religione, all'educazione, al sistema giuridico della pace come i marxisti, perché tutte queste sono leali serve solo degli assertivi nel popolo. Esse pongono sempre degli ostacoli davanti ai democratici o meglio alla parte maggioritaria del pubblico.

È vero che i pensatori tra i democratici tengono d'occhio che la religione e le buone maniere non vengano distrutte in una volta sola, perché sanno che il mondo sarà rovinato.

Tuttavia, in tale misura interferiscono anche con il governo della maggioranza. Una volta che la maggioranza si sarà diventata scaltra e li avrà compresi, eleggerà certamente altri leader, come Hitler, dato che è un vero rappresentante della maggioranza del pubblico, sia esso tedesco, anglosassone o polacco.

L'UNICO CONSIGLIO

A differenza dei democratici che vogliono cancellare gradualmente la religione e le buone maniere, e adattare una nuova politica in modo da non rovinare il mondo, le masse non li aspetteranno affatto. Piuttosto, come dicono i nostri saggi, "Non distruggere una sinagoga prima di averne costruita una nuova al suo posto". In altre parole, ci è proibito lasciare che i potenti [la maggioranza] prendano il timone della leadership prima di costruire una religione, una condotta e una politica adatta a loro, perché nel frattempo il mondo sarà rovinato e non ci sarà nessuno con cui parlare.

NICHILISMO

[una visione filosofica che nega tutti i valori e le istituzioni tradizionali]

Non il nichilismo completo, ma il nichilismo dei valori (come Nietzsche per quanto riguarda i valori del cristianesimo), cioè tutti i valori nei comportamenti religiosi, nell'etica e nella politica che sono stati finora accettati nella visione dell'umanesimo.

Tutti questi sono compromessi nella misura dell'egoismo dell'individuo, dello stato o di un servo del Bore. E dico che ogni misura di egoismo è squalificata e dannosa, e non c'è nessun'altra soluzione che non sia l'altruismo, nell'individuo, nel pubblico e nel Bore.

MONISMO MATERIALISTICO

La materia è l'origine di tutto, e il pensiero è il frutto di azioni e sensazioni, proprio come uno specchio. Non c'è libertà di volontà, solo libertà di azione. Tuttavia, non di per sé, perché le azioni malvagie inducono azioni malvagie, e la libertà di azione si percepisce guardando (nello specchio delle azioni richieste) attraverso la mente di un'altra persona. Allora l'individuo ha la libertà di obbedire. E non sarà in grado di scegliere con la propria mente (specchio), poiché la via di ogni uomo sembra giusta ai suoi occhi, e la sua mente è sempre d'accordo.

FUORI DA QUESTO MONDO

Al di fuori di questo mondo, dobbiamo ricercare ed esaminare solo soggettivamente e pragmaticamente. Questo è il modo di condurre la ricerca in questo mondo, sebbene sia al di fuori di esso, dato che prevede misure rivestite della natura di questo mondo, e anche in base al beneficio pratico.

COSA C'È AL DI FUORI DI QUESTO MONDO?

Solo il Bore è imperativo, poiché Egli è il posto del mondo, e il mondo non è il Suo posto. È solo Lui che comprendiamo essere anche al di fuori di questo mondo, e nient'altro, a differenza del panteismo.

Questo mondo è un termine oggettivo che si può anche comprendere con un esame oggettivo le cui prime fondamenta sono "tempo" e "spazio". Al di fuori di questo mondo, ossia nei mondi AK e ABYA [i mondi Adam Kadmon, Atzilut, Beria, Yetzira e Assiya], è possibile solo la comprensione soggettiva, senza toccare l'oggetto in qualsiasi modo.

L'essenza degli oggetti che definiamo per nome in ABYA segue il presupposto che, poiché tutti li percepiscono così senza eccezioni, (cioè pochi scelti in ogni generazione, che sono le decine di migliaia e i milioni che furono e sono destinati ad essere) in questo modo, lì abbiamo un conseguimento oggettivo, anche se non tocchiamo in alcun modo gli oggetti.

Da qui vengono i quattro mondi al di sopra di questo mondo, anche se per natura sono solo soggettivi, rivestendo la natura di questo mondo in due modi: espansione e pensiero cioè nel parallelismo psicofisico. Questo perché conosciamo ogni oggetto in due forme: prima fisica e poi psichica, e vanno sempre insieme in modo parallelo.

È noto che anche in questo mondo molti percepiscono il metodo dell'"espressionismo" inteso esclusivamente come percezione soggettiva. Tuttavia, mi attengo anche all'"impressionismo" per spiegare i concetti di questo mondo nel modo più oggettivo possibile, minimizzando l'interferenza del carico soggettivo.

L'ESSENZA DELLA RELIGIONE

L'essenza della religione è compresa solo in modo pragmatico, come ha scritto James [William James (1842-1910), filosofo americano]. L'origine della fede è nel bisogno e la sua verità dipende da quanto soddisfa questo bisogno.

Ci sono due tipi di bisogni: 1) Un bisogno psichico. Senza di esso, la vita diventerebbe disgustosamente detestabile. 2) Un bisogno fisico. Questo bisogno appare soprattutto nell'ordinamento sociale, come nell'etica e nella politica, come aveva scritto Kant [Immanuel Kant (1724-1804), filosofo tedesco]: "La fede è la base della morale, e la custodisce".

Naturalmente, i saggi della religione verranno solo dall'insieme di coloro che ne hanno il bisogno psichico, perché ne hanno bisogno anche oggettivamente. Tuttavia, la seconda parte trarrà soddisfazione, cioè la verità, anche soggettivamente. Comunque, da Lo Lishma [non per il Suo nome si arriva a Lishma [per il Suo nome] Il bisogno precede la ragione che necessita la fede.

I LEADER DELLA COLLETTIVITÀ

Per sé stessi, certamente secondo il proprio gusto si può scegliere tra espressionismo e impressionismo. Tuttavia, ai leader non è permesso di guidare il pubblico in nessun altro modo se non in modo positivo e pragmatico, cioè secondo l'espressionismo. Questo perché non possono danneggiare il pubblico per il loro interesse personale.

Per esempio, non possono imporre alla collettività una certa fede per comprendere il loro impressionismo, negando così la condotta morale e l'etica per il pubblico. Se uno non riesce a controllarsi, è meglio che si dimetta e non danneggi la collettività con i suoi ideali.

PERCEZIONE DEL MONDO

Secondo il materialismo storico e la dialettica di Hegel [Georg Wilhelm Friedrich Hegel (1770-1831), filosofo tedesco], Il mondo è stato creato attraverso un'evoluzione consequenziale di tesi, antitesi e sintesi. Infatti, essa è finalizzata alla percezione del Creatore, da immobile, vegetale, animato e parlante, fino alla profezia o alla conoscenza del Creatore. Il piacere è la tesi, l'afflizione è l'antitesi, e la sensazione fuori dalla pelle è la sintesi.

L'ESSENZA DELLA CORRUZIONE E LA CORREZIONE STANNO NELL'OPINIONE PUBBLICA

Come la ragione dell'individuo seleziona guadagni e perdite e porta l'uomo a fare i migliori affari, così la ragione pubblica determina la politica e sceglie quella di maggior successo. Tuttavia, c'è la quantità e c'è la qualità.

QUANTITÀ E QUALITÀ

Fino ad ora, i qualitativi [potenti] (che sono gli assertivi) hanno determinato e prodotto il modo di pensare di tutto il pubblico, e perciò qualsiasi giustizia o morale. La religione è stata usata per danneggiare la maggioranza, cioè l'80% della società.

LA MAGGIORANZA È PRIMITIVA COME L'UOMO PREISTORICO

La maggioranza è primitiva come l'uomo preistorico. Questo perché non ha cercato di utilizzare la giustizia, la religione e la morale che fino ad oggi sono state usate da altri. Tuttavia, naturalmente, tutto questo è arrivato allo stato attuale solo attraverso grandi sofferenze nel corso della causalità e della dialettica. La maggioranza non ne ha tenuto conto e, in ogni caso, non può capirlo.

L'azione più rapida è la religione

Per rendere attiva l'opinione pubblica nella maggioranza in modo efficace, non c'è modo più veloce della religione, disprezzando qualsiasi misura di volontà di ricevere ed elevando di molto la bellezza della volontà di dazione. Questo deve essere fatto in modo specifico con le azioni. Sebbene gli aspetti psicofisici siano paralleli, tuttavia il fisico precede lo psichico.

PERSONE PRODIGIOSE

Il prodigio è un prodotto della generazione; ha una forte tendenza alla dazione e non ha bisogno di nulla per sé. In quanto tale, ha equivalenza di forma con il Bore e aderisce naturalmente a Lui. Estende la saggezza e il piacere da Lui e la dona all'umanità.

Sono divisi in due tipi: o lavorano coscientemente, cioè per dare soddisfazione al loro Creatore, quindi sono in dazione verso il genere umano oppure lavorano inconsciamente, cioè non sentono o non sanno di essere in adesione con il Bore. Aderiscono a Lui inconsciamente e sono solo in dazione con l'umanità. Su questa base, non c'è progresso per l'umanità, tranne che infondere la volontà di dazione in loro e moltiplicare i prodigi nel mondo.

LA TELEOLOGIA

[la scienza dello scopo]

La teleologia è necessaria nella Kabbalah, secondo il metodo dell'antropocentrismo, che i mondi sono stati creati per Israele ed essa è lo scopo. Inoltre, il Bore si è consultato con le anime dei giusti. Il loro scopo è anche riportato nella profezia: "E tutta la terra sarà piena della conoscenza del Signore." Non c'è scopo più specifico di questo.

Maimonide segue il metodo della disteleologia, e dice che il Bore ha per la creazione altri scopi oltre alla sola specie umana. È difficile per lui comprendere che il Bore ha dato origine a una creazione così vasta, con sistemi planetari, dove il nostro pianeta è come un granello di sabbia, tutto questo solo per la completezza dell'uomo.

Lo scopo è imperativo per ogni essere consapevole, e chi lavora senza scopo è senza cervello. Per mezzo delle Sue azioni Lo conosciamo.

Egli ha creato il mondo con l'inanimato, il vegetale, l'animato e il parlante. Il parlante è il culmine della creazione, poiché sente gli altri ed è in dazione verso di loro. In cima ad essi c'è il profeta, che sente il Bore e Lo conosce. Questo è percepito come piacere per Lui e come il Suo scopo in tutta la creazione.

La domanda di Hegel è che necessariamente ci sono creature senza scopo in natura, come molte cose sul nostro pianeta, e innumerevoli pianeti che l'umanità non usa affatto. La risposta è secondo la legge che "l'ignoto non nasconde il noto" e che "il giudice ha solo ciò che i suoi occhi vedono". Forse esistono immobile, vegetale, animale e parlante su ogni pianeta, e per ogni pianeta il suo scopo è il parlante.

È lo stesso con l'ignoto. Come può contraddire ciò che è noto e familiare nel modo della profezia? Questo è semplice: È piacevole per il Bore creare un oggetto che sia qualificato per negoziare con Lui e per scambiare opinioni, ecc. C'è anche piacere nell'avere qualcosa che non sia dello stesso tipo, e noi ci fidiamo completamente della profezia.

CAUSALITÀ E SCELTA

Causalità e scelta sono un percorso di sofferenza per cui si ripaga inconsciamente attraverso leggi dialettiche. All'interno di ogni essere, l'assenza o l'esistenza di un essere sono nascoste fino a quando l'assenza in esso non è stata rivelata. Quando l'antitesi si sviluppa e si manifesta, distrugge la tesi e porta al suo posto un essere più completo del primo, in quanto contiene la correzione dell'antitesi precedente (poiché ogni assenza precede la presenza). Quindi, il secondo essere è chiamato "sintesi", cioè include ed è il risultato sia della presenza che dell'assenza che hanno preceduto questo nuovo essere.

Allo stesso modo, la verità segue sempre ed è perfezionata attraverso la via della sofferenza che è presenza e assenza, tesi e antitesi, e produce sempre sintesi più vere fino alla comparsa della sintesi perfetta. Ma cos'è la perfezione?

Nel materialismo storico, la via della sofferenza di cui sopra si chiarisce solo in relazione ai desideri economici, dove ogni tesi significa un giusto regime per il suo tempo, ogni antitesi significa un'ingiusta divisione nell'economia, e ogni sintesi è il regime che regola l'antitesi che si è rivelata, e niente di più. Per questo motivo, in essa si nasconde anche l'assenza. Quando l'assenza si sviluppa, distrugge anche quella sintesi, e così via finché non si manifesta la giusta divisione.

Il sentiero della Torah

Il sentiero della Torah sta mettendo il destino nelle mani degli oppressi. Questo accelera la fine nella misura in cui gli oppressi lo custodiranno. Questo si chiama "scelta", poiché ora la scelta è nelle mani delle parti interessate. Perciò, la via del dolore è un atto oggettivo, la via della Torah è un atto soggettivo, e il destino è nelle mani delle parti interessate.

Il principio: dazione al prossimo.

Il governo: un regime obbligatorio che prescrive un minimo per vivere e buone azioni per lo standard di vita della società.

Lo scopo e l'obiettivo: l'adesione a Lui. A mio parere, questa è la sintesi finale dove l'assenza non è più nascosta.

Buone azioni e *Mitzvot*

Locke [John Locke (1632-1704), filosofo inglese] diceva che non c'è nulla nella mente che non arrivi prima nei sensi. Inoltre, Spinoza [Baruch Spinoza (1632-1677), filosofo ebreo olandese] disse: "Non voglio qualcosa perché è buono, ma è buono perché lo voglio". A questo bisogna aggiungere che non c'è nulla nei sensi che non sia presente prima nelle azioni.

Così, le azioni generano sensazioni, e le sensazioni generano comprensione. Per esempio, è impossibile per i sensi provare piacere nel donare prima di averlo fatto in pratica. Inoltre, è impossibile capire e percepire la grande importanza della dazione prima che venga assaporata dai sensi.

Allo stesso modo, è impossibile assaporare il piacere dell'adesione prima che uno compia molte buone azioni che possono influenzarlo, cioè con la stretta osservanza di questa condizione di portare contentezza a Lui, nel senso di gioire della contentezza data al Bore osservando il comandamento. Dopo aver provato il grande piacere nelle azioni, è possibile comprendere il Bore nella misura di quel piacere. E se ... per il piacere eterno e perpetuo di portare contentezza a Lui, allora sarà ricompensato con la conoscenza ...

Come visto sopra, ci sono due direzioni nella religione: 1) *Lo Lishma* [non per il Suo nome], che è puro utilitarismo, cioè puntare a stabilire la moralità per il proprio bene. Si è soddisfatti quando si acquisisce questa tendenza. E c'è una seconda tendenza per la religione, essendoci un bisogno mentale di aderire a Lui. Questa si chiama *Lishma* [per il Suo nome]. Si può essere ricompensati con quanto sopra attraverso le azioni, e da *Lo Lishma* si arriva a *Lishma*.

LA DIREZIONE DELLA VITA

Ci sono tre punti di vista nei libri e nella ricerca: o idee su come raggiungere l'adesione con Lui oppure per ottenere il progresso, chiamato utilitarismo oppure il piacere corporeo della carne, chiamato edonismo o Cyranismo.

Magari fosse vero il punto di vista dell'edonismo. Il guaio è che i dolori sono maggiori dei pochi piaceri sensuali che si possono provare. Oltre al difetto del giorno della morte, e al metodo dell'utilitarismo per portare il progresso nel mondo, c'è una grande questione: chi meriterà questo progresso completo ... che io pago così pesantemente con dolori e tormenti?

Sembra che solo gli ideali la cui tendenza sia la felicità dell'uomo, migliorando così tutte le forze psichiche, portano onore durante la vita e un buon nome dopo la morte. Kant derise questo metodo di fondare una tesi morale su una tendenza egoistica e insegnò ad agire al fine di non ricevere ricompensa.

La scienza moderna ha scelto l'utilitarismo, ma solo per il bene collettivo, cioè per donare. Anche questo è simile a "al fine di non ricevere ricompensa", e chi la vorrebbe? C'è anche la domanda: Cosa porterà questo progresso alle generazioni per cui lavoro con tanto dolore per donare questo?

Come minimo, ho il diritto di sapere cosa si richiede al progresso, e chi ne godrà. Chi sarebbe così ingenuo da pagare così tanto senza conoscerne l'effetto? Il guaio è che il piacere ha vita breve e la sofferenza ha vita lunga.

LO SCOPO DELLA VITA

Da quanto detto sopra, scoprirete che la direzione della vita è quella di conseguire l'adesione a Lui, rigorosamente a beneficio del Bore o di premiare il pubblico con il raggiungimento dell'adesione a Lui.

Due schiavitù nel mondo

Ci sono due schiavitù nel mondo, essere schiavi del Bore o essere schiavi delle Sue creature. Una di queste è un obbligo. Anche un re e un presidente devono necessariamente servire il popolo. In effetti, il gusto della libertà totale è solo per chi è schiavo del Bore solamente e non di qualsiasi essere del mondo. La schiavitù è necessaria, perché la ricezione è oscena; essa è bestialità. E per la dazione, la domanda è: "A chi?"

Parte tre

SEZIONE UNO

Comunismo pragmatico

Accettare la religione di "Ama il tuo prossimo come te stesso", letteralmente.

Giusta divisione dei profitti, dove ognuno lavorerà secondo i propri talenti, e riceverà secondo le proprie esigenze.

La proprietà viene mantenuta, ma al proprietario è vietato ricevere dai profitti più di quanto effettivamente necessiti. Un tipo di possidenti sarà tenuto sotto la supervisione pubblica, un altro tipo da parte di auto-fiduciari o per mezzo di registri.

I disoccupati riceveranno ciò che loro necessita in egual misura agli occupati. Coloro che vivono in

111

comunità prenderanno lo stesso salario dei lavoratori che sono proprietari di case, e i profitti ottenuti dalla vita in comune saranno trasformati in proprietà pubblica appartenente ai membri di quella collettività.

Si deve fare anche uno sforzo per costruire una vita comunitaria per i lavoratori nelle cittadine.

PREGI

I lavoratori, e ancor più coloro che temono di essere disoccupati, adotteranno certamente la religione, acquisendo così sicurezza nella loro vita. Anche i proprietari idealisti adotteranno la religione per indottrinamento su base religiosa.

L'opinione pubblica deve essere tale che chi prende più di quanto abbia bisogno è considerato come un assassino. A causa sua, il mondo dovrà continuare i massacri, i modi hitleriani e le guerre terribili. Così, il comunismo sarà promosso.

È possibile rendere miserabile la vita dei possidenti per mezzo di contratti e scioperi, in modo che essi adottino la religione in quanto non si toccano le loro proprietà, ma solo i profitti. Poiché la religione sarà internazionale, sarà possibile conquistare il cuore degli sceicchi arabi con denaro e influenza religiosa, cosicché essi assumano la religione insieme a noi come una sola unità, e la promuovano tra i lavoratori arabi e i proprietari di beni.

Questo, a sua volta, andrà a beneficio del sionismo. Poiché essi adotteranno la religione che richiede amore e dazione verso tutta l'umanità in egual misura, non saranno invidiosi del furto della terra, poiché capiranno che la terra è del Signore. Il tenore di vita degli arabi sarà uguale a quello degli ebrei. Questo sarà un grande incentivo per conquistare i loro cuori.

SEZIONE DUE

Opinione privata e opinione pubblica

Come esiste l'opinione privata, che è la forza del giudizio di ognuno per cui vengono copiate tutte le azioni buone e cattive e, come uno sceglie il bene e rifiuta il male come se stesse guardando in uno specchio, così c'è una mente collettiva per il pubblico, in cui vengono copiate le azioni buone per la società e quelle cattive. L'opinione pubblica seleziona quelle buone per essa, loda chi le compie e condanna chi fa il contrario. Da qui emergono gli idealisti, i leader, le regole e le ragioni.

La corruzione dell'opinione pubblica: i potenti

Fino ad oggi, solo gli assertivi avevano la possibilità di giudizio e la leadership, essendo loro la parte migliore, come si dice: venti persone guidano tutta la Francia e fanno l'opinione pubblica. Hanno organizzato giustizia, morale e religione a loro vantaggio. Dal momento che sfruttano la maggioranza della collettività, ne segue che la religione, la legge e l'etica danneggiano il pubblico, cioè la maggioranza.

Si tenga presente che l'attuale regime della parte qualitativa è stato completamente sufficiente fino ad oggi, poiché le masse non avevano alcun potere di giudicare. Perciò, tutte le rovine che hanno preceduto l'ordine politico odierno sono state solo tra gli assertivi. Tuttavia, essi non sono arrivati all'ordinamento attuale nell'arco di una generazione, ma attraverso terribili rovine fino a quando non hanno concepito la religione, l'etica e la legge che hanno portato l'ordine nel mondo.

La nuova struttura

Nelle ultime generazioni, a causa di pressioni e necessità, attraverso la democrazia e il socialismo, le masse hanno cominciato ad aprire gli occhi e ad assumersi la responsabilità della gestione della società da parte della maggioranza. Così, hanno concluso che la religione, l'educazione, il governo e la giustizia sono tutti a loro danno, poiché è vero che servono il dieci per cento del popolo e danneggiano tutti gli altri.

Così, nel regime delle masse sono emerse due immagini di governo collettivo: o come i nazisti, che si sono ribellati contro la religione, l'educazione e la giustizia, e agiscono come l'uomo primitivo, prima della condotta di vita portata dalla parte qualitativa o come i sovietici, dove il dieci per cento della gente controlla l'intera popolazione con la dittatura. Questo non durerà certo a lungo, alla luce della dialettica storica.

Se la buona educazione sarà revocata, i nemici di Israele saranno sterminati. Insomma, torneremo necessariamente e senza dubbio a essere primitivi fino a quando la maggioranza (anche le masse) imparerà la dialettica a proprie spese (come hanno fatto i potenti prima) e finalmente accetterà l'ordine.

Perciò, il nazismo non è un brevetto tedesco

Se ricordiamo che le masse non sono idealiste, allora non c'è nessun consiglio tranne la religione, da cui sono emanate naturalmente l'educazione e la giustizia. Tuttavia, ora esse sono al servizio solo della maggioranza. In che modo? Soltanto attraverso la religione della dazione.

Il principio è la dazione al prossimo. La leadership è impegno a un certo minimo, e imporre uno standard di vita.

L'obiettivo: l'adesione al Bore.

Il nazismo è il frutto del socialismo

Gli idealisti sono pochi, e i veri supporti, lavoratori e contadini, sono egoisti. Se un predicatore come Hitler dovesse spuntare in qualsiasi nazione, dicendo che il nazionalsocialismo è per loro più conveniente e vantaggioso dell'internazionalismo, perché non lo dovrebbero ascoltare?

[nuova pagina]

1) Se il nazismo e la sua rovina fossero stati concepiti qualche anno prima, e se alcuni saggi avessero escogitato un piano per salvare le persone attraverso una religione devota che fosse sufficiente a proteggerle, sarebbe stato proibito in nome della falsità?

2) Se, dopo la guerra, le nazioni arrivassero a capire che Israele deve essere dispersa ai quattro angoli e cacciata dalla nostra terra, e una certa persona venisse a ristabilire la religione (per essere capaci della devozione) tra noi e le nazioni, facendo perciò accettare alle nazioni il contrario, ossia che persino la diaspora sarebbe venuta in Israele, questo sarebbe stato proibito?

3) Se i nazisti, Dio non voglia, prevalessero governando il mondo, e volessero sterminare ciò che resta di Giacobbe, sarebbe lecito istituire la religione tra tutte le nazioni per salvare la nazione?

Pragmatismo

La fede nasce da un bisogno; ed è vera finché soddisfa quel bisogno (James [William James (1842-1910)]). Perciò il bisogno è la ragione della fede, e la soddisfazione del bisogno è la sua verità.

Due necessità: 1) Un bisogno materiale di stabilire una vita sociale; questa è la sua verità. 2) Un bisogno psichico, senza il quale la vita è ripugnante; questo è *Lishma* [per il Suo Nome].

Certamente, i saggi sulla religione provengono dal bisogno psichico, ma da *Lo Lishma* [non per il Suo Nome] l'uomo arriva a *Lishma*, vedi "Verità pragmatica".

La direzione della vita

1) Portare progresso e felicità alla società attraverso la scienza moderna.

2) Perfezionando tutti i propri poteri psichici, si otterrà dignità nella vita e un buon nome dopo la morte. Kant derise questo come egoismo e lo segnalò solo per non ricevere ricompensa.

Dobbiamo comprendere: se non vale la pena di vivere per me, vale la pena di vivere per mille altri come me, o per un miliardo? Quindi, la direzione deve essere quella di portare beneficio al Bore, sia per sé stessi, sia per il mondo intero, per premiarli con l'adesione a Lui.

Verità e falsità

Verità e falsità sono una replica psichica dell'esistenza e dell'assenza, che sono tesi e antitesi, da cui deriva la "verità effimera", che è una sintesi. È una verità pragmatica che dura fino a quando non si rivelerà la "verità assoluta", dove non ci sarà falsità nella coscienza di una persona.

Esempio n. 4 (vedi sopra): L'umanità antica e primitiva, che si massacrava e si uccideva come fanno gli animali selvaggi, avrebbe permesso l'istituzione di un governo religioso?

Esempio n. 5 (vedi sopra): Nella mia infanzia non ho voluto leggere romanzi per non avere a che fare con le menzogne. Leggo solo la Storia. Quando sono cresciuto e ho capito il loro valore, ossia che sviluppano l'immaginazione, sono diventati per me verità.

Necessità

Dal punto di vista di *Lishma* [per il Suo Nome], è un bisogno psichico. Occorre ammettere che sono pochi come è scritto: "Vide che i giusti sono pochi... Li collocò in ogni generazione" quelli che avranno l'esigenza fin dalla nascita. Tuttavia, alcuni aborriscono la vita materiale. Se non raggiungono l'obiettivo dell'adesione, si suicidano.

Il Principio religioso: Da *Lo Lishma* [non per il Suo Nome], si arriva a *Lishma* [per il Suo Nome].

La Provvidenza ha approntato la direzione delle persone in senso egoistico, il che porterebbe necessariamente la distruzione del mondo a meno che loro non accettino la religione della dazione. Quindi, c'è un bisogno pragmatico di ciò, e da questo si arriva a *Lishma*.

Che cos'è un bisogno psichico?

Poiché un cieco non può percepire il colore, o un eunuco la gioia del sesso, è impossibile descrivere questo bisogno a chi manca il bisogno psichico. Eppure, è un dovere.

Rispettare le Mitzvot [comandamenti]

Seguire le *Mitzvot* può diventare un'esigenza psichica.

Educazione morale

Educazione morale significa buoni attributi non per ricevere ricompensa e senza necessità esterna, ma basati unicamente sull'altruismo e sul senso di responsabilità per la società umana. Questo si ottiene con l'educazione. Tuttavia, l'educazione richiede l'approvazione pubblica per mantenerla e sostenerla dopo che ci si allontana dall'autorità dell'istruzione. Ma l'opinione pubblica non nasce dall'educazione, ma solo dal bene comune.

Il beneficio della collettività viene valutato solo in base allo specifico stato di quel pubblico, che necessariamente contraddice gli altri stati e paesi. Quindi, in che modo l'educazione può essere d'aiuto in questo? L'evidenza è che l'educazione e anche la religione, sufficienti per l'internazionalità non sono state create, dato che uccisione e saccheggio dominano ovunque con furore, senza alcun tipo di educazione. Inoltre, un grande assassino sarà considerato patriottico e ben educato. E oggi, è l'educazione internazionale che ci serve.

L'egoismo pubblico può essere corretto solo dalla religione

L'egoismo pubblico può essere corretto solo dalla religione, perché un'educazione basata sul nulla può essere facilmente demolita facilmente da un astuto malvagio, e la Germania ne è la prova. Se Hitler fosse apparso in una Germania religiosa, non avrebbe fatto nulla.

L'egoismo naturale

Non abbatterete l'egoismo naturale con mezzi artificiali come l'opinione pubblica o l'educazione. Non c'è cura per questo tranne una religione naturale.

Doppio vantaggio

La religione della dazione porta beneficio sia al corpo che allo spirito, quindi è considerata necessaria e riconosciuta da tutti gli altri metodi al mondo (vedere sotto per esteso).

Motive Power

Ci sono due discernimenti in essa: la forza che ci attrae, da davanti o la forza che ci spinge, da dietro.

Come può aiutare l'educazione quando uno è libero, senza Motive Power per i doveri con i quali si è stato educato? Dopotutto, non c'è forza di attrazione in essi, e sono anche privi della forza di coercizione.

La continuità dell'anima

Questo è un dato di fatto, perché è una parte divina dall' alto. Tuttavia, non è incluso nella saggezza della Kabbalah, perché nessun oggetto è conseguibile. Infatti, l'anima appare alla persona che la porta solo attraverso le azioni, e le sue azioni sono solo conseguimenti di Lui.

È chiaro quindi che la massima, "Conosci te stesso e saprai tutto", è da ... filosofica, poiché nella Kabbalah dovremmo dire il contrario, "Conosci tutto e ... ottieni te stesso". Non si ottiene affatto un oggetto, solo le azioni che sono conseguimenti dei Suoi nomi, cioè solo soggettivi.

Cinque sensi

Il potere nei comandamenti è simile alla corporeità, dove le azioni stimolano i sensi. E quando rimane... i sensi nella memoria cerebrale diventano immagini di beneficio, danno e proprietà. E quando la mente o la volontà o il guardiano ... guarda nell'immagine della memoria, l'uomo analizza gradualmente le immagini e avvicina le verità, cioè il beneficio o la proprietà, e rifiuta le falsità, che sono dannose.

La conoscenza dell'uomo cresce secondo la chiarezza dello scrutinio. E se in matematica, dovrebbe attaccarvi immagini che sono utili per chiarezza e verità. Queste fanno anche risparmiare tempo perché saranno utili, come nella distinzione di una proprietà esistente. Lo stesso vale per la musica, la guarigione e l'astrologia.

È simile al potere delle azioni spirituali, che ... i comandamenti che stimolano i sensi spirituali dell'uomo. Ci sono due tipi di sensi qui, o *RASHRAD* [acronimo di *Reiyah, Shmia, Reyach, Dibur* (vista, udito, olfatto e parola)], che sono ord ... così come *HGT NH* [*Hesed-Gevura-Tifferet Netzah-Hod*] del corpo. È così perché il perpetuare delle buone azioni da ... in una persona che lavora lo spirito di "amore", e quando si accumula in una quantità considerevole ... in lui il senso di "timore" di commettere un peccato e di perdere l'amore. E quando è cer ... di sé stesso che ha il senso dell'amore e del timore, nasce in lui un senso di vant... sui suoi amici che non sono stati premiati con esso (e questa è la proprietà).

E seguendo i tre sensi ... ' Netzah" è nata in lui come l'eroe potente che governa il suo spirito. In base a tutte le sensazioni di questi quattro sensi, è nato in lui "Hod" poiché ammette l'esistenza del Bore.

E con ogni comandamento che aggiunge, i cinque sensi inferiori di cui sopra e i sapori dei comandamenti si intensificano in lui. Quando si accumulano nella quantità richiesta, i cinque sensi superiori, vista, udito, olfatto e parola, nascono in lui, per vedere la Sua gloria e udire la voce del Bore, percepire l'odore del timore di Lui e parlare davanti a Lui.

E quando si è ricompensati di più, le immagini delle impressioni dei cinque sensi inferiori e dei cinque sensi superiori rimangono, e si guarda come fosse attraverso lo specchio del cervello a queste impressioni, si sceglie ciò che è bene e il... e si rifiuta ciò che è dannoso. E secondo la chiarezza dell'esame, la conoscenza del Bore aumenterà.

Lusso e accumulo di proprietà

Come nella materialità, così per la conoscenza. ... negli insegnamenti esterni e saranno la saggezza del l'economia. ... e la medicina la distinzione di ciò che è utile al tenore di vita. al lusso. Questo è il primo grado di proprietà. Il secondo grado è l'accumulo di proprietà, che non è utilizzabile come ricchezza. Questa è la scienza della meta... dell'astrologia e della musica.

Allo stesso modo, nella spiritualità, i chiarimenti che possono essere fatti ... sono per uno standard di vita spirituale, e una proprietà che non si accumula.

Ci sono anche chiarimenti elevati che non servono per lo standard di vita, ma solo per accumulare proprietà e per beni importanti come la ricchezza, l'astrologia, e la filosofia.

Tuttavia, entrambe provengono da immagini spirituali che una volta furono assorbite dai sensi. E scegliere ciò che è bene per sé o per gli altri si chiama "la conoscenza del Bore". Sappiate che la saggezza della Kabbalah contiene anche questi tre tipi di proprietà.

Parallelismo psicofisico

Queste sono due manifestazioni della stessa entità, come il tuono e il fulmine. Questo è il significato di "buone azioni e Torah". Tuttavia, una persona sente prima la spiegazione psichica e poi quella fisica. È simile all'amore, dove il ricevitore del dono sente prima con la mente che il donatore lo ama, e poi scintille d'amore scorrono e si diffondono attraverso di lui. ...Una testa rivelatrice è psichica, e dentro, si riveste ...

La causa prima di ogni errore nel mondo

La fonte di ogni errore nel mondo è un'idea: quando si prende un'idea o un'immagine che una volta era rivestita di un corpo, e la si presenta come un oggetto astratto che non è mai stato in un corpo. Cioè quando viene lodata o condannata secondo quel valore astratto.

Il guaio è che una volta che il concetto è stato spogliato del corpo, perde parti significative della sua accezione iniziale quando era rivestito in un corpo. Chi ne discute secondo il suo significato residuo deve necessariamente fraintendere.

Per esempio, quando la verità e la falsità operano nel corpo, noi lodiamo la verità secondo il suo beneficio per l'individuo o per il... e condanniamo la menzogna in base al suo danno per la collettività o per l'individuo. Tuttavia, una volta che la verità e la falsità sono state spogliate dei corpi e diventano concetti astratti, perdono il cuore del loro significato ... e acquisiscono santità o impurità nella loro forma astratta.

E secondo ... è possibile per colui che valuta lodare la verità anche quando fa un grande danno alla collettività o all'individuo, e condannare ... la menzogna anche quando è estremamente benefica per l'individuo o per la collettività. Questo è un grave errore che danneggia il ... e non si è liberi di chiedersi chi ha santificato questa verità, o ... resa impura e proibito questa menzogna.

Il beneficio, in realtà, tutti lo ammettono

Coloro che lo contestano, è... che traggono beneficio...e una condotta morale che a volte contraddice il beneficio fisico. Tuttavia, essenzialmente, la morale e la religione sono anche utilitaristiche... tutto, tranne la felicità spirituale, e qual è la differenza?

Non c'è sciocco che si impegnerà senza averne beneficio per il corpo o per la mente.

Doppio beneficio

Di conseguenza, la legge della dazione al prossimo è necessaria per tutte le persone del mondo... dato che è benefica sia per il corpo che per l'anima secondo la saggezza della Kabbalah.

Un vago complesso che deve essere risolto una cosa dietro l'altra

Il problema principale è che qui c'è un ... complicato costituito da diversi dubbi intrecciati:

Primo: Anche se non si tiene conto della verità, resta da chiedersi se sia effettivamente vantaggiosa.

Secondo: Anche se è vantaggiosa, è fattibile?

Terzo: Chi saranno le persone che devono essere qualificate per educare la generazione in una materia così sublime?

Quarto: Questa operazione susciterà forse il disprezzo e la derisione del pubblico?

La conoscenza

La conoscenza avviene in uno delle tre modalità: empirica, cioè attraverso l'osservazione sensoriale (esperimenti reali); storica, utilizzando

documenti e carte; matematica, proveniente dalla combinazione di numeri, dimensioni e modelli (attraverso la conoscenza) ...

E la saggezza della Kabbalah è più attestata di tutti e tre i modi sopra citati.

C'è anche un quarto modo per la conoscenza, ossia attraverso deduzioni filosofiche, sia per deduzione che per induzione, cioè dal generale al particolare o dal particolare al generale. Questo è strettamente proibito nella saggezza della Kabbalah, poiché tutto ciò che non conseguiremo noi non lo conosceremo ...

Parte quattro

SEZIONE UNO

1) Il discernimento che anche ora stiamo dando e non stiamo ricevendo, perché non ci portiamo nella tomba il surplus che produciamo e 2) perché se una giornata di fatica compensa mezza giornata di piacere, questo è dazione. E siccome in generale c'è poco piacere nelle fatiche che la gente fa, tutti noi stiamo solo donando e non ricevendo. Questo è un calcolo matematico.

3) Il chiarimento per cui noi oggi fatichiamo almeno 14 ore al giorno con dolore e sofferenza per il fatto che siamo schiavi della società, poiché tutte le nostre abitudini provengono dalla schiavitù verso la collettività.... Il significato è che se usiamo il "governo della terra", possiamo affrettare l'"ultima generazione" anche nella nostra generazione.

4) Questa questione di competere per l'unicità nella dazione al prossimo non è una fantasia astratta, in quanto viene usata nella vita pratica, come quelli che danno via tutti i loro beni alla collettività o i membri più idealisti dei partiti, che trascurano e perdono la vita per il bene pubblico, ecc.

Cosa sembra? È come un uomo ricco che aveva un padre anziano che non voleva mantenere. È stato processato e il verdetto è stato che lo avrebbe sostenuto almeno con lo stesso rispetto con cui manteneva la sua famiglia, altrimenti avrebbe affrontato una dura punizione.

Naturalmente, lo prese in casa sua e dovette mantenerlo generosamente, ma il suo cuore era in lutto. Il vecchio gli disse: "Dato che mi stai già dando ogni delizia che hai sul tuo tavolo, cosa perderesti se avessi anche una buona intenzione, che è ragionevole agli occhi di ogni persona sensibile, ossia essere felice di avere l'opportunità di onorare tuo padre, che ha speso tutte le sue energie su di te e ti ha reso un uomo rispettabile? Perché sei così ostinato nell'interiorità del tuo cuore fino a dispiacerti? Puoi liberarti anche solo un po' di questo?".

Così è. In fin dei conti, noi diamo alla società, e solo la società guadagna dalla nostra vita, poiché ogni persona, grande o piccola che sia, aggiunge e arricchisce il tesoro della società. Ma l'individuo, quando soppesa il dolore e la sofferenza che riceve, è in grande deficit. Quindi, sta dando al suo prossimo, ma dolorosamente e con grande e amara sofferenza. Allora perché preoccuparsi della buona intenzione?

SEZIONE DUE

[Questa sezione comprende quattro segmenti raggruppati per contesto].

Ognuno di loro svolge il suo ruolo al servizio della collettività nel modo migliore, sebbene non sia visto, poiché l'opinione pubblica incalza una persona anche di nascosto, tanto da sentire che danneggiare la società per errore è tanto grave quanto uccidere erroneamente un essere umano.

Ogni Paese è diviso in società in cui un certo numero di persone, con mezzi sufficienti per provvedere a loro stessi, si collega in un'unica società.

Ogni società ha una quota di ore lavorative a seconda delle condizioni locali. Metà di questa quota è formata da ore obbligatorie, per cui ogni membro si impegna a lavorare un certo numero di ore a seconda della forza che ha, e l'altra metà sono ore volontarie.

Una persona che fallisce nello scopo personale, l'intero stato sociale di quella persona svanisce nell'aria sottile della società come le nuvole al vento, a causa della profonda antipatia che vive con tutti gli strati del popolo.

*

Perché allora ogni individuo

1) Ogni individuo si mette volentieri a disposizione della collettività in ogni momento in cui ci sarà bisogno di lui.

2) La competizione è libera per ogni individuo, ma si svolge nell'ambito della dazione al prossimo.

3) La manifestazione di qualsiasi forma di desiderio di ricevere per sé stessi è disonorevole ed è un difetto così grande che una tale persona è considerata tra le persone più basse e inferiori della società.

4) Ogni persona è media.

*

1) Hanno molti libri sistematici di saggezza e di morale che dimostrano la gloria e la sublimità dell'eccellenza nella dazione al prossimo, al punto che tutto il popolo, dal piccolo al grande, vi si impegna come i loro capi e come la maggioranza.

2) Ogni persona che riceve un incarico importante deve prima conseguire una formazione specifica nella suddetta saggezza.

3) I loro tribunali sono impegnati soprattutto nel conferimento di riconoscimenti che indicano la misura dell'eccellenza di ogni persona nella dazione al prossimo. Non c'è una persona che non sia dotata di un riconoscimento sulla manica, ed è un grande reato chiamare una persona senza il suo titolo d'onore. È anche un grande reato per una persona perdonare l'offesa all'onore che spetta al suo titolo.

4) C'è una concorrenza talmente grande nel campo di azione della dazione al prossimo che la maggior parte delle persone arriva a mettere a rischio la vita, poiché l'opinione pubblica considera e rispetta enormemente questi riconoscimenti dei più alti ranghi nella dazione al prossimo, con un'impressione straordinaria.

5) Se viene riconosciuto che un individuo ha fatto per sé un po' di più di quello che la società aveva deciso per lui, la società lo condanna così tanto che diventa una vergogna parlare con lui, e macchia anche la reputazione della sua famiglia in modo serio. L'unico rimedio per la sua situazione è chiedere l'aiuto del tribunale, che ha certe modalità per aiutare persone così miserabili che hanno perso la loro posizione nella società. Ma per lo più lo trasferiscono per via dei pregiudizi, dato che l'opinione pubblica non può essere cambiata.

6) Non esiste una parola come "punizione" nelle leggi del tribunale, perché secondo le loro regole, i colpevoli sono sempre quelli che guadagnano di più. Così, se uno è colpevole di non lavorare tutte le ore di lavoro, il suo tempo viene ridotto o reso più facile oppure il modo in cui lo offre gli viene reso più facile. A volte gli viene dato del tempo da trascorrere a scuola, per insegnargli il grande merito del "donare agli altri". Tutto dipende dal punto di vista dei giudici.

*

1) Lo Stato è diviso in società. Un certo numero di persone, che possono provvedere pienamente a sé stesse, possono separarsi e mantenere una società speciale.

2) Tale società ha una quota di ore di lavoro secondo le condizioni in cui vive, cioè secondo le condizioni locali e le preferenze dei suoi membri.

Questa quota è formata da ore obbligatorie e da ore volontarie. Per la maggior parte, le ore volontarie sono circa la metà delle ore obbligatorie.

Le ore di lavoro provengono da quattro tipi e si dividono in lavori secondo la forza che hanno per il lavoro: Il primo tipo sono i deboli, il secondo tipo sono i medi, il terzo tipo sono gli impavidi o forti e il quarto tipo i veloci.

Per il lavoro di un'ora del primo tipo, il secondo tipo lavora due ore, il terzo tipo quattro ore e il quarto tipo sei ore.

Ad ogni persona viene affidato il compito di trovare il tipo di lavoro adatto alla propria forza.

SEZIONE TRE

1) Il progresso dell'umanità è il risultato diretto della religione.

2) Il processo della religione in una cerchia inizia quando nel punto più basso si arriva alla distruzione dell'umanità a seconda della rovina della religione. Per questo motivo, accettano la religione contro la loro volontà, il movimento verso l'alto ricomincia da capo e si forma una nuova cerchia.

3) La dimensione della cerchia corrisponde alla veridicità della religione che è considerata come "base" al momento dell'ascesa.

Piano A

Proprio come ci aspettiamo che degli attori a teatro facciano del loro meglio per far credere alla nostra immaginazione che la loro recitazione sia vera e propria realtà, ci aspettiamo che i nostri

interpreti della religione siano in grado di parlare al nostro cuore così profondamente da farci percepire la fede nella religione come vera realtà. Le catene della religione non sono affatto pesanti per chi non crede, perché la richiesta dei comandamenti tra uomo e uomo è comunque accettata, e tra uomo e Dio, è sufficiente osservare alcuni comandamenti in pubblico, come quelli a disposizione.

Piano B

La "Natura" in Gematria è Elokim [Dio]. Quindi, tutto ciò che la natura impone... la parola del Bore. Il beneficio per la società è la ricompensa, e il danno per la società è la punizione.

Di conseguenza, non ha senso trasformare Dio in natura, cioè [una parola ritagliata da un manoscritto] un Bore cieco che non vede e non comprende l'opera delle sue mani. Sarebbe meglio per noi e anche più ragionevole per ogni persona sensata che Egli vedesse e conoscesse tutto, dato che Egli punisce e ricompensa, poiché tutti vedono che la natura punisce e premia. Hitler lo dimostra.

Piano C

Tutta la ricompensa che speriamo dal Bore e lo scopo dell'intera creazione sono la Dvekut [adesione] al Bore, come nel segreto di "Una torre che contiene tutta le bontà, ma non ha ospiti". Questo è ciò che ricevono coloro che si aggrappano a Lui con amore.

Naturalmente, prima di tutto, si esce dalla prigionia, che significa emergere dalla pelle del proprio corpo per mezzo della dazione al prossimo. Successivamente, si arriva al palazzo del re, che è *Dvekut* a Lui attraverso l'intenzione di dare contentezza al proprio Creatore.

Pertanto, la maggior parte dei comandamenti sono tra uomo e uomo. Chi dà la preferenza ai comandamenti tra uomo e Dio è come chi sale al secondo gradino prima di essere salito al primo. È chiaro che si romperà le gambe.

La fede nelle masse

È scritto: "La voce del popolo è la voce dell'Onnipotente". Infatti, questo non significa altro che, secondo la realtà, essi hanno scelto il minore dei mali, e in questo senso seguono sempre la buona strada. Tuttavia, naturalmente, dobbiamo cambiare la realtà in modo che possano accettare il cammino assolutamente completo. Ed è vero che il potere di trattenere le masse in generale sceglie per loro una via a seconda della situazione. Per questo motivo, una volta che hanno corrotto l'interpretazione della Torah e delle *Mitzvot* [comandamenti], si sono ribellate. Tuttavia, è un sacro dovere trovare una vera interpretazione nella società, e allora sarà il contrario: Il potere di trattenere le masse sarà una forza che obbliga all'osservanza della Torah e delle *Mitzvot*.

... pubblico di primo grado.

Per preparare la strada che ha provato (la sua ragione).

1) Nazismo: egoismo; l'Internazionale: altruismo.

2) È possibile destabilizzare i nazisti solo attraverso una religione di altruismo.

3) Solo i lavoratori sono pronti per questa religione, perché è una rivoluzione nella percezione religiosa.

4) Questa percezione religiosa ha tre ruoli:

1) Sovvertire il nazismo.

2) Qualificare le masse ad assumere il governo collettivo in modo che non falliscano come hanno fatto i russi. (Questo deriva dal criterio: Il progresso dell'umanità arriva solo mediante la religione). È così perché più il lavoratore ha bisogno di ricompensa per il lavoro, meno il regime può sopravvivere, come diceva Marx.

3) Prendere la religione dai detentori e trasformarla in uno strumento nelle mani dei lavoratori.

5) Per prima cosa, sarà accettata dai lavoratori e, attraverso loro, da tutta Israele, lo stesso vale per l'internazionale di tutte le nazioni, e attraverso di loro a tutte le classi tra le nazioni.

6) Rivoluzione nella percezione religiosa significa che gli appartenenti al clero, che sono stati finora i distruttori del mondo, quando accetteranno l'altruismo, saranno invece i costruttori del mondo, poiché la misura della religiosità può essere effettuata solo con la misura dell'aiuto alla società per portare contentezza al Bore.

7) Questo concetto viene chiarito in quasi 2.000 pagine che spiegano tutti i segreti della Torah che l'occhio umano non può vedere. Ciò costringerà ogni persona a credere nella sua veridicità, in quanto vedrà che sono le parole del Bore, poiché i segreti di una gloriosa saggezza, attribuita alla profezia, testimoniano la loro veridicità.

8) Il divulgatore della religione deve essere capace di realizzare il Piano A, per portare più fede possibile al popolo.

Inoltre, egli deve portare totale riempimento all'inanimato, al vegetale, all'animato e al parlante. Senza di questo, la religione non ha il diritto di esistere. È, come ha detto Maimonide, come una fila di ciechi guidata da una persona che vede. Cioè, la distinzione parlante deve essere capofila in ogni luogo e in ogni generazione. Quindi, qualsiasi religione che non garantisca di portare al livello di parlante un uomo su mille, è insostenibile.

9) La diffusione della religione dell'amore è compiuta attraverso Torah e la preghiera che possono intensificare in ognuno la qualità di dazione agli altri. In quel momento, la Torah e la preghiera sono come una persona che affila il coltello, in modo che possa tagliare e finire il suo lavoro velocemente. Al contrario, chi lavora con un coltello smussato crede che sia meglio non perdere tempo ad affilarlo, ed è sbagliato perché il suo lavoro diventa molto più lungo.

(È chiaro anche rispetto al criterio "non c'è progresso per l'umanità se non attraverso la religione").

10) (Riguardo al punto 9) Il quarto ruolo è a favore del sionismo, perché durante la tregua, quando si decidono i destini dei Paesi, non avremo quei nemici tra i conservatori, che ci considerano come senza religione, come impariamo dalle parole di Weizmann [Chaim Weizmann (1874-1952), il primo Presidente dello Stato di Israele], e i mediatori sicuramente saranno tra questi conservatori.

Parte cinque
K

Non distruggere

I frivoli hanno già capito che non si può costruire se non sulla rovina dell'amico. Questo metodo è ciò che ancora oggi sta friggendo l'umanità su una stufa, poiché prima di trovare un punto vulnerabile nel proprio amico, non si può nemmeno concepire di costruire qualcosa. Ma nel momento in cui uno trova un punto debole del metodo del compagno, si aggrappa lì con i suoi artigli e veleno fino a distruggerlo completamente, e lì costruisce il suo palazzo di saggezza.

Così, tutti i palazzi della scienza sono costruiti in un luogo di rovina. E per questo motivo, ogni ricercatore è interessato solo a distruggere, e più uno distrugge, più è famoso e lodato. In effetti, questo è il modo in cui la scienza si sviluppa, e ciò non si può negare.

Ma che significa questo? È simile alla lotta che regnò con le sue terribili distruzioni per milioni di anni prima che la terra emergesse dal mare. Anche questa è stata certamente una sorta di sviluppo. Tuttavia, non c'è motivo di invidiare chi ha assistito a questi sconvolgimenti. Anzi, dovremmo essere più invidiosi di coloro che sono venuti al mondo dopo che fu fatta la pace, dopo che gli elementi in lotta fecero pace, e ognuno trovò il suo luogo di riposo sulla Terra così com'è oggi.

Sebbene la legge della lotta persista anche oggi, è comunque una lotta minore, e non uno sconvolgimento in cui ognuno distrugge il suo compagno che si è indebolito fino alla fine. Piuttosto, hanno già capito che è proibito distruggere poiché "per annegare gli altri, voi sarete annegati, e la fine di coloro che vi hanno affogato, sarà che anche loro annegheranno" (*Masechet Avot* 2, 6). La lotta è piuttosto quella di indebolire e limitare, mantenendo la vita dei deboli ed evitando di distruggerla, perché si sa bene che la marea in seguito cambierà, "E coloro che ti hanno affogato, annegheranno". È simile alle leggi di guerra che i combattenti mantengono mentre combattono. Anche questo è per la stessa ragione.

Ora, se davvero impariamo dalla storia pratica, non dobbiamo trascurare il principio di cui sopra, e dobbiamo prendere in considerazione la realtà, come in uno status quo, e punire chi assassina un'opinione così come puniamo chi assassina una persona. È così perché una persona senza opinioni non appartiene al tipo da emozione della pietà, dato che sono più numerosi di tutti i letamai e dei laghi, e di tutta l'aria, per questo sono dati alla Provvidenza, e non abbiamo tattiche per aiutarli.

Per questo motivo, dobbiamo presumere che la terra davanti a noi sia vasta, e ci sia spazio per tutti i punti di vista che la abitano, sia buoni che cattivi. Infatti, chi uccide e distrugge un'opinione negativa è come chi ne distrugge una corretta, perché non esiste al mondo una "opinione negativa". Piuttosto, è negativa un'opinione non ancora matura.

Pertanto, dovremmo giudicarla come chi uccide una persona cattiva, "la voce del sangue dei suoi discendenti, e i discendenti dei suoi discendenti"- noi siamo redenti da tale malfattore. Allo stesso modo, un punto di vista cattivo è un seme ancora non maturo per essere mangiato, ma che alla fine crescerà e si svilupperà.

Dovremmo cercare un nuovo luogo per il palazzo della saggezza che vogliamo costruire, un posto libero da edifici altrui, cioè senza danneggiare alcun metodo esistente. La mente è profonda e ampia, e le parole dei saggi sono ascoltate con piacere, e il metodo di chi abusa e viene abusato è unanimemente considerato cattivo. Quindi, solo quest'ultimo dovrebbe essere sradicato, perché è obsoleto e disgustoso, secondo tutti.

Allo stesso tempo, dovremmo mantenere tutti i modi di vivere in uno status quo e mantenere la libertà dell'individuo, dato che non sono necessari per il nostro nuovo edificio perché alla fine è solo una struttura economica. È come un mercante che vuole aprire una sua drogheria ma teme la concorrenza, così brucia tutti i negozi della città insieme all' oro, gioielli, pietre preziose e vestiti. È troppo stupido perché non diventerà più ricco bruciando gioiellerie. Piuttosto, solo i negozi di alimentari sarebbero stati sufficienti al suo scempio, lasciando i custodi a sorvegliare e quelli che sono in vacanza lasciarli soggiornare. Al massimo, si potrebbe stabilire una regola per cui tutti coloro che sorvegliano debbono aggiungere lavoro che sia sufficiente per gli esaminatori.

Conosco cosa scrisse Marx, ossia che una volta che le ferite e i problemi del corpo saranno stati fasciati, cominceremo, e avremo un posto adatto per studiare gli ideali. Inoltre, sostenendo che questo sia fondamentalmente falso, poiché sappiamo per esperienza che un corpo torturato e afflitto trova conoscenza e verità meglio di un corpo sazio che non conosce mancanza, anche se ammettessimo le sue parole, dovremmo comunque dire: "Non distruggere", come minimo. È simile a una persona che abbatte alberi da frutto perché li vuole esaminare per farli crescere più fruttiferi. È un ingenuo, perché se li abbatte, moriranno e non ci sarà nessuno a raccogliere frutti.

È così anche per le opinioni che ci sono pervenute in eredità dai nostri padri nel corso di centinaia di generazioni di sviluppo. Le taglia, le asciuga e le rovina, promettendoci che più tardi, quando sarà a riposo, le esaminerà e le migliorerà, se possibile. Ecco che questo è un ingenuo totale.

Egli presume che la religione danneggi la comunità. (Ma come può essere certo di questo presupposto? Dopotutto, è una visione che si sta diffondendo tra le persone che la confermano o la negano e molti sono i sostenitori). Egli può solo contestare il tipo di comprensione che chi abusa

usa a proprio vantaggio. Pertanto, dovremmo lottare per la comprensione, in modo che non rechi danno, senza condannarla a morte.

Eppure, tutta la sua teoria è costruita solo sull'odio religioso, simile alle strutture degli studiosi del suo tempo sull'odio per la religione, senza alcun motivo di danno economico. Per questa ragione, abbiamo il permesso di esigere dai veri saggi, il cui proposito è solo l'aspetto economico, di rimuovere questo elemento dai loro libri. Solo così potranno sperare di ottenere una vittoria duratura che non scivoli sul proprio vomito.

In una parola, non c'è gioia senza calamità, non c'è bene senza male. Anche il più saggio non può essere salvato da un miscuglio di errori, e questo è il lato più debole in lui, che lascia spazio a chi viene a contestarlo e a distruggerlo completamente. Questo è il lato debole del marxismo, ed è per questo che l'applicazione è difficile per loro, e cento volte tanto lo è il diritto di esistere.

Perciò, se siete fedeli al vostro metodo e desiderate la sua persistenza, affrettatevi a cancellare il suddetto elemento dalle vostre leggi, e allora la vostra strada sarà lastricata in modo sicuro.

La profezia di Marx si è avverata?

Da un lato, la sua profezia può essere considerata pienamente realizzata. Il popolo potente si è seduto per un po' di tempo sulla paura di certe rovine, su armi meravigliose che sono state accumulate, e da cui non c'è un briciolo di speranza di liberarsi o di arrivare a un accordo. Anche gli economisti vedono la propria rovina nei loro occhi, e ogni possibilità di salvezza è stata spenta dalla realtà. Le moltitudini affamate si accumulano ogni giorno in masse terribili; il proletariato della classe media ha quasi completato la sua maturazione, ecc. ecc.

Perché sono stati spinti a destra?

Dall'altra parte, troviamo il contrario. Il fascismo cresce ogni giorno, prima l'Italia, ora la Germania, domani la Polonia, e anche l'America è sull'orlo, e così via. Dev'essere che quel profeta ha mancato un punto, il che ha causato il suo grave errore.

Il difetto è sepolto nella sua stessa teoria

Il difetto è sepolto nella sua stessa teoria, perché ha aggiunto ridondanze nella teoria della partecipazione, e questi sono i semi duri che la storia non può digerire in alcun modo (religiosità e nazionalismo), e sono stati spinti a destra.

Politica difettosa

Il guardiano non ha bisogno di custodire le eccedenze che non riguardano il suo preservare, né il cercatore di libertà ha bisogno di perseguire la libertà per i lussi del corpo, né il collaboratore ha bisogno di distruggere le opinioni che non contraddicono il suo socialismo.

Tutti questi tre metodi sono reali e sono ugualmente rispettati dai loro sostenitori. Se le forze al potere lasciano che una setta ne distrugga un'altra per un certo tempo, è ciclico, e alla fine ci devono essere leggi che limitino i tipi di armi, in modo che una non distrugga l'altra in misura maggiore. È un cerchio, e non si sa cosa porterà il domani.

Perciò, prima che arrivi il giorno della lotta, c'è tempo per la mente di evitare la completa rovina di una delle parti. Non si può contare sul potere attuale, ma solamente su un futuro certo.

Considerando la veridicità tra i metodi, definisco questa parola secondo la legge dell'evoluzione, dato che ogni visione e ogni metodo prepara e apre la strada a un metodo migliore. Finché non è realizzato, si deve mantenere e persistere, poiché distruggendolo si distrugge la visione e il metodo il cui ruolo è produrre la sua maturazione.

Lo stesso Marx lo aveva sottolineato... perché dice che in seno alla grande borghesia emerge il proletariato. Quindi, evidentemente vedrete che se ci fosse stato un salvatore per la classe operaia in quel momento, per distruggere la grande borghesia avrebbe certamente cancellato le fondamenta della comune alle radici, perché questa legge forte, sta dicendo "non distruggere", fino a quando il momento non verrà da solo. In tal senso, io lo contesto, perché dice che dobbiamo forzare la fine ad ogni costo, e io dico che a parte la distruzione delle opinioni non c'è affatto bisogno di questa fine.

Per tutto c'è un momento, e il momento del socialismo è arrivato. Guai agli sciocchi che mancano il momento e si mettono davanti ostacoli e confini completamente inutili, che sono come fumo negli occhi. Per questo motivo, prima che loro si girino da una parte o dall'altra, il mondo si sarà già capovolto ed essi troveranno "sollievo e liberazione da un altro luogo", e loro con il loro metodo si perderanno per molto tempo.

La guerra sulla definizione di nazionalità è del tutto superflua e non ha nulla a che vedere con la proprietà privata. Non c'è proprietà privata nello spirituale, solo nei beni materiali. Chi non desidera lo sviluppo della saggezza e non sa che l'invidia degli autori aumenta la saggezza? Pertanto, nessuno la contesta neppure tra i marxisti estremisti di sinistra. la guerra piuttosto riguarda solo i beni materiali, per i quali l'invidia non produce altro che panico e inutili tormenti. Allora, a cosa serve combattere contro i beni spirituali e la nazionalità?

Supponiamo che tutte le nazioni abbiano raggiunto la parità economica e abbiano revocato la proprietà privata in modo che l'esistenza di chi abusa sia impensabile. Invece delle nazioni in competizione tra loro per i beni materiali, d'ora in poi la competizione sarà sui beni spirituali. Questa competizione è destinata a emergere negli individui, così come nella collettività. Ma ecco che riguardo a questo nessuno apre bocca, anche tra i più estremisti, anche se dovrebbe essere così.

Pertanto, il nostro dibattito ruota attorno ai soli beni spirituali del passato. Se voi diceste: "Noi permettiamo l'acquisizione di tali beni nel futuro con tutta la libertà desiderabile e adeguata, ma il passato eliminatelo dalle vostre case". Non sarebbe una cosa malata e contorta? Dopo tutto, cosa sarà permesso in futuro, perché dovremmo distruggere l'enormità che è stata preparata nel passato? È come quel famoso re egiziano che ereditò una biblioteca di libri preziosi grande quanto tre strade, e ordinò di bruciarli perché non necessari per l'esistenza della religione o per paura di un danno.

E inoltre, nessuna nazione obbedirà al vostro ordine di distruggere tutti i beni del suo passato. Litigheranno con devozione a riguardo (ma vi è assolutamente permesso perché non ne avete affatto bisogno). Infatti, anche se uno spirito di follia si impadronisse della terra per obbedire a ciò, dovranno evitare che questa gigantesca struttura di diverse generazioni venga perduta senza alcuna ragione.

Così, si deve lasciare intatto il "Tu ci hai eletto" di ogni nazione, nella misura in cui lo desiderano. Solo la base materiale di ogni nazione dovrebbe essere abolita, poiché quella base ha ormai raggiunto il suo termine, ed è comunque in crisi. Per questo motivo, essa potrebbe richiedere una correzione da qualsiasi mano provenga. Tuttavia, insieme a questo dobbiamo dare piena e completa sicurezza a ogni nazione che i suoi beni spirituali verranno mantenuti in tutta la loro pienezza e purezza.

Non possiamo discutere su affermazioni che si oppongono al socialismo come facciamo con la religione, poiché sia i legislatori che le autorità religiose ammettono che "la rinuncia in un tribunale è rinuncia, e la legge del paese è la legge vincolante". Per questo motivo, tutte quelle leggi che si oppongono al concetto di socialismo rimarranno come storia obsoleta, anche ora, ne esiste già una gran parte nascosta e accantonata.

Davanti a noi ci sono tre forze in realtà, che lottano l'una contro l'altra. Anche se questo contraddice il punto di vista dei marxisti, che prendono in considerazione solo due forze - chi abusa e chi viene abusato - è una teoria astratta che non ha più valore di tutte le teorie precedenti. Tuttavia, secondo la base del marxismo stesso, dovremmo prendere in considerazione solo ciò che è pratico, e non teorie infinite. Per questo ho scelto di individuare tre forze nel modo che sono poste davanti ai nostri occhi nella realtà.

La nuova divisione di classe: veloci e pigri

Supponiamo che una nazione sia pigra, e che un'altra nazione sia naturalmente più veloce. Quello che una fa in due ore, l'altra la fa in un'ora. Naturalmente, ci saranno delle lamentele: Una dirà che tutte le nazioni dovrebbero lavorare lo stesso numero di ore, e l'altra dirà che ciò che conta è la quantità che producono. E come accade a quelli che litigano, ognuno di loro insisterà. Su quali basi deciderà il tribunale? Se è secondo il principio: "Date tutto quello che potete e ricevete tutto quello che vi serve", non occorre comunque un tempo uguale. E se giudichiamo le nazioni in base alla quantità del lavoro, allora anche gli individui hanno un'argomentazione simile, e i diligenti lavoreranno la metà dei deboli. Così, avete preparato una nuova classe: una classe di veloci, e una classe di pigri.

Potreste dire che nella maggioranza pigra c'è il potere di forzare la minoranza veloce nella nazione, ma un tale potere non esiste certamente per una nazione sull'altra. Così creerete classi tra le nazioni, e abusatori e abusati tra gli individui.

L'arrivo del Redentore

Non è una novità, perché i fondatori stessi lo sapevano, come egli dice... che all'inizio vedranno come ciò sia possibile attraverso i compromessi, infine arriveranno a veri ideali, al più alto grado di socialismo, dove ognuno dà quanto può e poi prende solo quanto gli serve, cioè lo stesso dei pigri. Questo può avvenire solo con l'arrivo del Redentore di giustizia, quando la terra sarà piena di conoscenza. Allora colui che dà capirà che si sta sforzando per il suo Dio, dando contentezza al suo Creatore.

Gli istinti idealistici hanno già colpito numerose radici nel genere umano. Sono anche arrivati e diventati antiquati e hanno preso posto in un luogo che nessuno può raggiungere, cioè il subconscio, nel cervello allungato, che muove i nervi dell'uomo da solo, senza la consapevolezza della persona. Questo è ciò che hanno motivo sperimentato in Russia, poiché sappiamo che non hanno concluso niente in tutte le loro guerre. Questi guerrieri dovrebbero sapere che il cuore umano darà loro qualsiasi cosa solo se lo lasceranno con i suoi ideali, arrivati in eredità dalle generazioni passate nel subconscio di ognuno. Se insisteranno a distruggere anche questa eredità, ne subiranno le conseguenze, perché il calore e lo zolfo si accumulano a poco a poco per arrivare fino all'orlo e cominciare ad esplodere.

E oltre a tutto questo, sta crescendo una nuova generazione, "che non ha conosciuto Giuseppe". Loro non capiscono affatto il bisogno o la necessità di eliminare la proprietà privata dalla loro carne e dal loro sangue, solo per un'arida teoria. Quindi, con la passione per la proprietà privata, sepolta nel profondo del loro subconscio dalle generazioni passate, dopo tutto quel che hanno imparato, un bel giorno fonderanno campi di giovani da tutte le parti, e loro stessi metteranno a morte gli anziani con tutte le loro proprietà e la loro saggezza. È così perché un'idea non viene ad una persona dall'intelletto, ma solo dalle esperienze di vita, per affetto e per una combinazione di bene e male, come nelle macchine automatiche. La mente non ha alcun controllo sul corpo, perché ci è completamente estranea. Di conseguenza, non possono essere considerati attendibili quei giovani socialisti che hanno acquisito la conoscenza attraverso la loro intelligenza, scoppieranno come una bolla di sapone.

Un'ultima parola di politica

In quel momento, tre forze siederanno sul trono nei consigli: la destra, la sinistra e il centro. Litigheranno e combatteranno l'una contro l'altra: la destra che si oppone alla libertà della sinistra, e la sinistra che si oppone al reazionarismo della destra, il neutrale darà spazio ad entrambe, e la maggioranza risolverà e deciderà.

In realtà, in una cosa, sono già arrivati a una soluzione, vale a dire la condivisione di tutti i bisogni necessari e positivi della vita, cioè la condivisione paritaria di tutti i bisogni dell'economia: una terra a tutti coloro che vi ci vivono, e una ripartizione per i piaceri corporei. Caricheranno tutti i giudizi e gli argomenti sulla sofferenza dei predicati spirituali, con i tre gradi - invidia, lussuria e onore - si rivolgeranno e si limiteranno solo ai confini spirituali.

Questa versione sarà in effetti l'ultima parola della politica, perché rimarrà per sempre una legge inviolabile. È così perché in accordo con lo sviluppo della specie umana, anche le opinioni si separeranno e si intensificheranno, e ognuno sarà molto più ostinato di quanto lo sia attualmente sul proprio destino. Non c'è speranza di uscire da questa strettoia a meno che le persone non comincino a regredire in forma di stolti, cioè siano svuotate di tutta la loro ragione.

Per questo motivo, ci saranno quasi tanti partiti quante sono le persone, e non c'è altra soluzione se non la legge fissa del "segui la maggioranza". In quel momento, le persone faranno tra loro vari compromessi fino a quando non si riuniranno in gruppi. Nei gruppi, ci sarà competizione con le opposizioni fino a quando l'opposizione stessa si separerà.

Così, i grandi gruppi si divideranno in piccoli, e i piccoli in minuscoli, e negozieranno tra loro, come è consuetudine al giorno d'oggi. Tuttavia, questa negoziazione deve acquisire ogni volta una forma più aspra, proprio in base al grado di sviluppo delle opinioni sempre senza compromessi, perché così dovrebbe essere per sempre.

Tuttavia, in una cosa, nella proprietà privata, sono già arrivati a una soluzione concordata: Ognuno darà quanto può dare uno che ha successo, e riceverà quanto uno che non ha successo, senza aggiungere nemmeno un capello. E le ore di lavoro saranno uguali per tutti, per decreto. E oltre all'orario obbligatorio, ci sarà tempo aggiuntivo per i veterani, che daranno rispetto ai deboli, per esonerarli completamente e non affliggerli. Questo è simile alla carità di oggi.

Inoltre, in ogni città e comunità, i deboli saranno distribuiti equamente. E se ci sono molti volontari nella comunità, allora tutti i deboli saranno esonerati. Se sono pochi, allora solo alcuni di loro, i più deboli, saranno esentati.

Chi infrange queste regole sarà punito cedendo la sua parte o con una punizione penale.

La faccia anteriore di un'idea

La veridicità dello spirito del piacere di chi lo esprime è evidente. Sono diventato un ... anche se ... [parole poco chiare nel manoscritto] molti anni prima, mentre non ho prestato attenzione fino a quando non li ho visti parlare e discutere. Poi ho riconosciuto la verità così com'è. È una legge che chi è completamente privo di problemi non sarà soddisfatto dai beni materiali. Anche quando si è impegnati in un ideale, si deve provare piacere durante l'impegno. La misura dello spirito e del piacere che si sente dipende dalla veridicità dell'ideale in cui si è impegnati.

Così, per quanto riguarda la verità abbiamo trovato un volto anteriore con cui riconoscerla, vale a dire semplicemente guardando la persona che la esprime, se sta godendo o meno. E la quantità di piacere è la quantità di verità. Questo è ciò che mi ha portato a credere in questa idea, perché fino ad allora non avevo mai visto nessuno esprimere un'idea con tanta contentezza e piacere come loro.

La verità assoluta

Se non esistono verità assolute, ma solo temporanee, allora dico che ogni verità in sé è verità assoluta per il suo tempo. Proprio come non si può dire di una realtà che sta per morire che sia da considerarsi morta, dato che mentre è viva, è una realtà assoluta.

[nuova pagina]

Ogni cosa funziona volontariamente o per coercizione, e la mente non forza. Pertanto, abbiamo una domanda: Chi muoverà il socialista quando agisce? Quale fonte stimolerà il suo desiderio di muoversi o per mezzo di quale forza avverrà la coercizione su di lui?

È così perché in quel momento il movimento diventerà per lui una specie di proprietà privata, e ognuno è meticoloso con la sua energia, per non disperderla inutilmente ancor più che con la sua fortuna. E se il socialismo non è tale perché egli è carente, per via del risparmio di energia, di certo non sprecherà energie invano. Quindi, da dove verranno giustizia o compassione?

Affrettare la sua maturazione: attraverso la religione

L'idea socialista richiede di maturare nella mente dell'uomo per almeno tre intere generazioni di pace e accordo generale. Quindi, il mondo sopporterà molti altri tentativi e cicli prima che si realizzi, ma non c'è modo più facile di far maturare le idee che attraverso la religione.

La Nazione

המחיר 10 מיל

האומה

דו שבועון — בין מפלגתי

המערכת	מגמתנו
א . ג .	היחיד
יהא ___	שם האומה, השפה והארץ
	בקורת למרקסיזם לאור
	המציאות החדשה, ופתרון
	לשאלת אחוד האומה על
יהא ___	זרמיה
שלמה אשלג ___	לשאלת היום
המערכת ___	במה ציבורית

כתובת המערכת:
רחוב שלמה מס' 3 ת.ד. 5022

מחיר המודעות: האינטש 150 מיל
קבועות: לפי הסכם עם ההנהלה -

מחיר החתימה לשנה:
בארץ 400 בחוץ לארץ 2,50 דולאר
לחצי שנה 200 מיל

5/6/1940   די סיוון, ת"ש.   ירושלים   שנה א' גליון א-ב

מ ג מ ת נ ו

עתון זה "האומה" הוא יצור חדש ברחוב היהודי, עתון שמטרתו הוא יבין מפלגתי". ואם תשאלו, מה הפירוש של עתון "יבין מפלגתי"? איך יתואר עתון, שיוכל לשמש כל המפלגות ביחד על אף כל הניגודים והסתירות שביניהם?

אכן הוא מין בריאה, שנולדה בין המצרים בחבלי לידה קשים ואיומים, מתוך רעל השנאה שתקף לאומות העולם להשמידנו מעל פני האדמה, כליון האירים של מיליונים מאחינו, ועוד ידם נטויה. יצר הסדיסטי שבהם לא ידע שבעה. ועוד האסון כפול, כי לא נוכל להשלות עצמנו, אשר כל זה הוא רק חופעה זמנית חולפת. כמו שמנוסים אנו ביותר בהיסטוריה, שאם איזה אומה התפרצה עלינו, מצאנו לה חחליף באומה אחרת.

אבל עתה המצב משונה הוא לגמרי. כי מלבד שהקיפו אותנו בבת אחת מכל קצווי ארץ, הרי גם האומות הנעלות ביותר, נעלו בעדינו את הדלתות, בלי רגש כל שהוא של חמלה ורחמים. ובאופן אכזרי כזה, שאין לו תקדים בכל התהליך של ההיסטוריה האנושית, אפילו בימים הברבריים ביותר.

והדבר ברור, אם לא לסמוך על נסים, שקיומנו, אם בחור יחיד אם בחור אומה, נמצא על כפות המאזנים של חיים ומות. וההצלה היא, אם נמצא את התחבולה הדרושה, דהיינו אותה חתבולה הכבירה, שאין דרכה להימצא זולת בקרבת הסכנה, שתהיה בכוחה להכריע את הכף לטובתנו, - לתת לנו כאן מקלט בטוח לכל פזורי אחינו, שלדברי הכול, הוא מקום ההצלה היחידה כעת. ואז דרך החיים תהיה פתוחה לנו, איך שהוא, להמשיך קיומנו על אף כל המעוקשים. ואם נחמיץ את השעה, ולא נקום כולנו כאיש אחד, במאמצים כבירים, הדרושים בעת סכנה, להבטיח לנו שארית בארץ, הרי העובדות שלפנינו מאיימות עלינו מאד, מאחר שהעגינדים מתפתחים כרצון אויבנו, האומרים להשמידנו מעל פני האדמה.

גם זה ברור, שלמאמץ הכביר הדרוש לנו בדרך התחתים שלעומתנו, צריכים אחדות איתנה ומוצקת כפולדה, מכל אברי האומה, בלי שום יוצא מהכלל. ואם לא נצא בשורות מלוכדות לקראת הכוחות האיתנים, העומדים לשטן על דרכינו זה, נמצא תקוותינו נידונה כאבודה למפרע. ואחר כל אלה, כל אחד וכל מפלגה מאתנו, רובץ ומשמר על רכושו המפלגתי בקפדנות יחירה בלי ויתור כל שהוא, ובשום פנים לא יוכלו, או יוחר נכון, לא ירצו לבוא לידי איחוד לאומי, כפי שדורש עת הסכנה שלכולנו. וכה אנו שוקעים באדישות, כאלו לא קרה מאומה.

דפום השראה ירושלים   המו"ל שלמה אשלג. העורך דר. י.בורג

Gerusalemme Dalet Sivan, Tav-Shin (5 giugno 1940)

LA NOSTRA TENDENZA

Questo giornale, *La Nazione,* è una creatura nuova sulla strada ebraica. È un giornale la cui struttura è "tra le parti" (interpartitica). E se vi chiedeste: "Cosa significa un giornale "tra le parti"? Come possiamo concepire un giornale che possa essere al servizio di tutte le parti insieme, nonostante i contrasti e le contraddizioni tra esse?

Infatti è una specie di "creatura" nata in grandi ristrettezze, attraverso duri e terribili travagli, in preda al veleno dell'odio che aveva spinto le nazioni del mondo a eliminarci dalla faccia della Terra, con il terribile sterminio di milioni dei nostri fratelli, e sono pronte a fare anche di peggio. La loro inclinazione sadica è insaziabile ma la catastrofe è duplice, perché non possiamo illuderci che tutto questo sia solo un fenomeno passeggero, transitorio, date le nostre passate esperienze nella storia, in cui se una nazione si scatena contro di noi, ne troviamo un'altra per sostituirla.

Tuttavia, adesso la situazione è totalmente cambiata. Non solo siamo circondati contemporaneamente da tutte le parti della nazione, ma anche le nazioni più illuminate ci hanno chiuso la porta in faccia senza alcun sentimento di pietà o compassione, in un modo così spietato che non ha precedenti in tutto il processo della storia umana, neanche nei tempi più barbari.

È chiaro, salvo affidarsi ai miracoli, che la nostra esistenza come individui o come nazione è sospesa sui piatti della bilancia tra la vita e la morte. E la nostra salvezza sarà quando individueremo la strategia necessaria, quel grande schema la cui direzione potrà essere trovata soltanto nell'imminente pericolo, e che farà inclinare l'ago della bilancia a nostro favore, al fine di dare un rifugio sicuro a tutti i nostri fratelli della diaspora, dato che come dicono tutti, al momento, è l'unico luogo di salvezza.

Allora per noi si aprirà la strada della vita, per continuare in qualche modo la nostra esistenza nonostante le difficoltà. E se perderemo l'occasione e non ci risolleveremo come una sola persona, con i grandi sforzi richiesti nel momento del pericolo, per garantire la nostra permanenza sulla terra, allora i fatti che abbiamo davanti rappresentano per noi una grande minaccia, poiché gli eventi si stanno sviluppando secondo la volontà dei i nostri nemici, determinati a eliminarci dalla faccia della Terra.

È altrettanto chiaro che l'enorme sforzo che richiede la strada dissestata da percorrere impone un'unità solida e dura come l'acciaio, da parte di tutti gli organi della nazione, senza eccezioni.

Se non usciremo con schiere unite verso le potenti forze che si mettono sulla nostra strada con lo scopo di nuocerci, scopriremo che la nostra speranza è condannata in anticipo.

E nonostante tutto ciò, ogni persona e ogni partito rimane a difendere scrupolosamente i propri beni senza alcuna concessione. E in nessun caso essi possono o, più correttamente, *vogliono* raggiungere l'unità nazionale, come richiederebbe questo periodo, così pericoloso per tutti noi. Così, siamo immersi nell'indifferenza come se nulla stesse accadendo.

Provate a immaginare se qualche nazione ci "indicasse la porta", come è così comune al giorno d'oggi, è certo che allora nessuno di noi penserebbe al proprio partito di appartenenza, perché il guaio ci impasterebbe tutti in un'unica massa, per difenderci o per fare i bagagli e fuggire per mare o per terra. Se sentissimo il pericolo come realtà, anche noi come loro saremmo senza dubbio uniti correttamente, senza alcuna difficoltà.

In queste circostanze, abbiamo riunito qui un piccolo gruppo di noi, appartenente a diverse correnti, persone che sentono la terribile frusta sulla schiena come se fosse già una realtà. Si sono presi l'impegno di pubblicare questo giornale, che credono sarà un canale affidabile attraverso cui trasmettere le loro sensazioni all'intero popolo, con tutte le sue correnti e fazioni, nessuna esclusa. Così, sarebbero cancellati i contrasti la faziosità di una visione ristretta. Più correttamente verrebbero messi a tacere e farebbero posto a ciò che esisteva prima, e tutti noi saremo in grado di unirci in un unico, solido corpo, capace di proteggere sé stesso in questo momento cruciale.

E sebbene questo pericolo sia conosciuto da tutti, come da noi, probabilmente questa conoscenza non si è ancora diffusa abbastanza in tutta la collettività per ciò che è veramente. Se lo avessero sentito, avrebbero già da tempo rimosso la polvere della faziosità con la stessa intensità che impedisce l'unità dei nostri ranghi. Se non è così, è solo perché questo sentimento non è ancora condiviso dalla maggioranza.

Per questo ci siamo assunti la spese di questo giornale, per stare in guardia, segnalare il guaio e spiegarlo al pubblico, fino a quando tutti gli elementi di segregazione saranno messi a tacere e saremo in grado di incontrare il nostro nemico con schieramenti uniti, dandogli la giusta risposta in tempo.

Inoltre, è garantito che ancora Israele non è vedovo e tra noi ci sono ancora quelli che cercano i cuori, che possono fornire un piano riuscito che unirà tutti gli strati della nazione.

Per esperienza, abbiamo imparato che proprio quelle persone passano inosservate e non hanno ascoltatori. In questo giornale, siamo disposti a fare spazio a chiunque abbia una soluzione garantita per unire la nazione, per pubblicizzarla e diffonderla al pubblico.

Oltre a quanto già detto, con la pubblicazione di questo giornale, ci proponiamo di difendere la nostra antica cultura millenaria, che risale a prima della rovina del nostro paese.

Miriamo a rivelarla e ripulirla da tutto ciò che su di essa si è accumulato durante gli anni del nostro esilio tra le nazioni, in modo che la pura natura degli ebrei torni a essere riconosciuta, come lo era a quel tempo. Questo ci porterà il beneficio più importante, poiché saremo in grado di collegare il nostro modo di pensare durante la diaspora con quel tempo glorioso, per redimerci dal prendere in prestito dagli altri.

I redattori

L'INDIVIDUO E LA NAZIONE

L'uomo è un essere sociale e poiché non può soddisfare i suoi bisogni vitali senza l'aiuto degli altri, è necessaria la collaborazione di molte altre persone per la sua esistenza.

Questo non è il luogo adatto per esaminare la formazione delle nazioni, possiamo solo studiare la realtà così come ci appare.

È un dato di fatto che non possiamo soddisfare le nostre esigenze da soli e per farlo abbiamo bisogno di una vita sociale.

Per questo motivo, gli individui furono costretti a riunirsi in un gruppo chiamato "nazione" o "stato", in cui ognuno si impegna nel proprio mestiere, alcuni nell'agricoltura, altri nell'artigianato. Sono collegati tramite il commercio dei loro prodotti. Così si sono create le nazioni, ognuna con la sua natura specifica, sia nella vita materiale che nella vita culturale.

Osservando la vita, vediamo che il processo di una nazione è totalmente uguale al processo di un individuo.

Il ruolo di ogni persona all'interno della nazione è uguale al ruolo degli organi di un singolo corpo. Ci deve essere totale armonia tra gli organi di ogni persona, gli occhi vedono e il cervello è assistito da essi per pensare e cercare, poi le mani lavorano o combattono, le gambe camminano.

Così ognuno sta in guardia e attende al suo ruolo. Allo stesso modo gli organi che compongono il corpo della nazione: consulenti, datori di lavoro, lavoratori, fornitori ecc. dovrebbero interagire in completa armonia tra loro.

Come la morte naturale di un individuo è il risultato della disarmonia tra i suoi organi, il declino naturale della nazione deriva da qualche impedimento che si è presentato tra i suoi organi, come hanno testimoniato i nostri saggi: "Gerusalemme fu distrutta solo a causa dell'odio infondato che esisteva in quella generazione".

In quel periodo la nazione era afflitta e moriva, e i suoi organi erano sparsi in ogni direzione.

Pertanto è una condizione obbligatoria per ogni nazione essere fortemente unita al suo interno, così che tutti gli individui al suo interno siano legati l'uno all'altro da amore istintivo. Inoltre, non solo ogni individuo dovrebbe sentire che la felicità della nazione è la sua propria felicità e la degenerazione della nazione è la sua, ma deve essere disposto a dedicare tutto il suo essere al bene della nazione ogni volta che è necessario. Altrimenti il diritto di esistere come nazione nel mondo è perso fin dall'inizio.

Ciò non significa che tutti gli appartenenti alla nazione, senza eccezioni, debbano essere così. Significa che le persone della nazione che provano la sensazione armoniosa detta sopra sono quelle che formano la nazione e secondo le loro qualità viene misurata la felicità della nazione e il suo diritto di esistere. Questa, l'unità, dovrebbe esserci dopo che è stata trovata una quantità di individui sufficiente all'esistenza della nazione. Ci possono essere un certo numero di arti sparsi che non sono connessi al corpo della nazione in tutta la misura menzionata, ciononostante la base è già assicurata senza di loro.

Quindi, nell'antichità, non abbiamo trovato organizzazioni e società senza legami di parentela tra i loro membri, poiché quell'amore primitivo, necessario per l'esistenza della società, si trova solo nelle famiglie che discendono da un unico padre.

Tuttavia, con l'evoluzione delle generazioni, ci sono state società collegate sotto il termine di "stato", cioè senza legami familiari o razziali. L'unica connessione dell'individuo allo stato non è più un legame naturale e primitivo, ma nasce da un'esigenza comune in cui ogni individuo si lega al collettivo in un unico corpo, che è lo stato. E lo stato protegge con tutto il suo potere statale il corpo e i beni di ogni singolo individuo.

Di fatto questa transizione in cui le generazioni passarono da nazioni naturali a stati artificiali, cioè da legami derivati dall'amore primitivo a quelli nati da un bisogno comune, nulla toglie alle condizioni necessarie in una nazione naturale, di comune etnia.

Questa è la regola: come ogni individuo sano è dotato di un controllo totale dei propri organi, basato esclusivamente sui sentimenti di amore, poiché gli organi obbediscono volentieri senza nessun timore di punizioni, lo stato dovrebbe governare completamente tutti gli individui al suo interno, nel rispetto dei loro bisogni generali, basandosi sull'amore e sulla devozione istintiva degli individui nei confronti della collettività.

Questa è la forza più idonea, capace di muovere gli individui verso i bisogni della collettività.

Ad ogni modo, il dominio basato su coercizione e punizione è una forza troppo debole per motivare sufficientemente un individuo e renderlo capace di salvaguardare i bisogni collettivi.

Anche la società si indebolirà e non sarà in grado di adempiere al suo impegno di custodire e di salvaguardare la sicurezza fisica e i beni personali di ognuno.

E non ci interessa quale sia la forma di governo dello stato, se autocratica, democratica o cooperativa. Queste non cambiano affatto l'essenza della creazione di una forza di unità sociale. Non potrà essere costituita, tantomeno perdurerà, se non attraverso legami di amore sociale.

È una vergogna dover ammettere che uno dei meriti più preziosi che abbiamo perso durante l'esilio, e il più importante di essi, sia la perdita della consapevolezza della nazionalità, cioè quel sentimento naturale che unisce e sostiene ogni singola nazione.

I legami d'amore che connettono la nazione, così naturali e primitivi in tutte le nazioni, sono degenerati e si sono distaccati dai nostri cuori, e sono scomparsi.

E peggio di tutto, quel poco di amore che ci resta per la nazione, non ci viene instillato positivamente, come invece avviene in tutte le nazioni. Piuttosto è presente in noi con un aspetto negativo: è la sofferenza comune che prova ognuno di noi ad essere membro della nazione. Questo ci ha impresso una consapevolezza e una vicinanza nazionale, come tra compagni di sventura.

Questa è una causa esterna. Dal momento in cui questa causa esterna si è unita e si è mescolata con la nostra naturale consapevolezza nazionale, è emerso e germogliato da questo miscuglio una specie di amore nazionale, un fenomeno strano innaturale e incomprensibile. E soprattutto è completamente inadatto al suo compito. La sua quantità di calore è sufficiente solo per un ardore effimero, ma senza la potenza e la forza con cui poterci ricostruire come una nazione che si sostiene da sola. Questo perché un'unione dovuta a una causa esterna non si può considerare unione nazionale.

In questo senso siamo come un mucchio di noci unite dall'esterno in un unico corpo, in un sacco che le avvolge e le unisce.

La loro dimensione di unità non le rende un corpo unico, e ogni movimento applicato al sacco produce in loro tumulto e separazione. Così esse arrivano costantemente a nuove unioni e ad aggregazioni parziali. Tutta la mancanza è che sono prive di una coesione naturale interna e tutta la loro forza di unificazione proviene da accadimenti esterni. Tornando a noi, questo fa molto male al cuore.

In effetti la scintilla del nazionalismo è rimasta dentro di noi nella sua misura massima ma si è affievolita ed è diventata inattiva. È stata anche molto colpita dalla mescolanza ricevuta dall'esterno, come abbiamo detto. Tuttavia questo ancora non ci aiuta e la realtà è molto amara.

L'unica speranza per noi è quella di istituire una nuova educazione nazionale, che riveli e riaccenda il naturale amore nazionale che si è offuscato dentro di noi, per far rivivere ancora una volta, con ogni mezzo adatto allo scopo, i muscoli della nazione, rimasti inattivi per due millenni. Allora sapremo di avere una base naturale e affidabile, per poter ricostruire e continuare la nostra esistenza come nazione qualificata a comportarsi come tutte le nazioni del mondo.

Questo è un prerequisito per qualsiasi lavoro e per qualsiasi azione. All'inizio, le fondamenta devono essere costruite in modo sufficientemente sano per sostenere il carico che devono sopportare. Poi inizia la costruzione dell'edificio. Ma è un peccato per coloro che costruiscono edifici senza una base abbastanza solida. Non solo non costruiscono nulla, ma mettono a rischio se stessi e coloro che gli stanno accanto, perché l'edificio cadrà con il minimo movimento e le sue parti si disperderanno in tutte le direzioni.

Per quanto riguarda l'istruzione nazionale menzionata prima, mi preme sottolineare quanto segue: sebbene io miri a seminare un grande amore tra gli individui della nazione in particolare e per tutta la nazione in generale, nella massima misura possibile, ciò non è affatto simile allo sciovinismo o al fascismo. Noi li detestiamo e la mia coscienza ne è totalmente libera. Nonostante l'apparente somiglianza delle parole nel loro suono superficiale, poiché lo sciovinismo non è altro che eccessivo amore nazionale, sono essenzialmente ideologie lontane come il nero dal bianco.

Per percepire facilmente la differenza, dovremmo confrontarle con le misure dell'egoismo e dell'altruismo nell'individuo. Come detto sopra, il processo della nazione è molto simile a quello di un individuo in tutti i dettagli specifici. Questa è una chiave generale con cui comprendere tutte le leggi nazionali senza deviare a destra o a sinistra, nemmeno di un millimetro.

Chiaramente, la misura dell'egoismo impresso in ogni creatura è una condizione necessaria per la sua stessa esistenza. Senza di esso, non sarebbe affatto un essere distinto e a sé stante. Tuttavia, questo non dovrebbe affatto negare la quantità di altruismo in una persona.

L'unica cosa necessaria è stabilire dei confini precisi tra queste: la legge dell'egoismo deve essere mantenuta in tutta la sua potenza, nella misura del minimo per la sopravvivenza. E a qualunque eccedenza di tale misura è concesso il permesso di rinunciare per il benessere del prossimo.

Naturalmente, chiunque si comporti in questo modo è da considerarsi eccezionalmente altruista. Tuttavia, chi rinuncia alla propria minima parte anche se per il bene degli altri, e quindi rischia la propria esistenza, questo è da considerarsi un atto completamente innaturale e non può essere mantenuto che una sola volta nella vita.

L'egoista eccessivo, che non ha alcuna considerazione per il benessere degli altri, è ripugnante ai nostri occhi, poiché questa è l'essenza di saccheggiatori, assassini e tutti coloro che sono corrotti.

Similmente per l'egoismo e l'altruismo nazionale: anche l'amore nazionale deve essere impresso in tutta la popolazione, non meno dell'amore individuale egoistico di una persona per i propri bisogni, in modo sufficiente a sostenere l'esistenza della nazione in quanto tale, così che possa continuare da sola. E il surplus anche in misura minima può essere destinato al benessere degli uomini, all'umanità intera, senza distinzioni di nazione o di razza.

Di contro, noi odiamo profondamente l'eccessivo egoismo nazionale, a partire da quelle nazioni che non hanno alcuna considerazione per il benessere degli altri, fino a quelle che depredano e distruggono altre nazioni per il proprio piacere, che è chiamato "sciovinismo".

Così, coloro che si sottraggono completamente al nazionalismo e diventano cosmopoliti per motivi umanitari e altruistici commettono un errore fondamentale, poiché il nazionalismo e l'umanesimo non sono affatto in contraddizione.

È quindi evidente che l'amore nazionale è la base di ogni nazione, così come l'egoismo è alla base di tutti gli esseri che esistono individualmente. Senza di esso, il mondo non potrebbe esistere. Allo stesso modo, l'amore nazionale negli individui di una nazione è la base dell'indipendenza di ogni popolo. Questa è l'unica ragione per cui essa continua o cessa di esistere.

Per questo motivo, questa dovrebbe essere la prima preoccupazione per la rinascita della nazione. Questo amore non è in noi attualmente, perché lo abbiamo perso durante il nostro vagabondaggio tra le nazioni negli ultimi due millenni. Qui si sono riuniti solo individui senza alcun legame di puro amore nazionale tra di loro. Piuttosto, uno è collegato da una lingua comune, un altro per la medesima patria di provenienza, un terzo per la religione comune, e un quarto per una storia condivisa. Tutti vogliono vivere qui secondo la modalità con cui hanno vissuto nella nazione da cui sono venuti. Non tengono conto del fatto che c'era una nazione basata sui propri membri, prima che lui o lei si inserissero, e per la cui costruzione lui o lei non hanno avuto parte attiva.

Tuttavia, quando una persona viene in Israele, dove non ci sono ordinamenti prestabiliti in grado di far funzionare una nazione da sola, non abbiamo un'altra base nazionale su cui poter contare, e non abbiamo neppure un desiderio per questo. Piuttosto, qui dobbiamo affidarci interamente alla nostra struttura; e come può avvenire quando non c'è ancora un naturale legame nazionale che ci unisca per questo compito?

Questi legami deboli, come linguaggio, religione e storia, sono valori importanti, e nessuno nega i loro meriti nazionali. Tuttavia, sono ancora del tutto insufficienti per il sostentamento autonomo di una nazione. Alla fine, tutto ciò che abbiamo qui è un raduno di estranei, discendenti da culture di settanta nazioni, ognuno dei quali costruisce un palcoscenico per sé stesso, il proprio spirito e le proprie inclinazioni. Qui non c'è nulla di fondamentale e naturale che ci unisca tutti dall'interno in un'unica massa.

So che c'è una cosa che è comune a tutti noi: la fuga dall'amaro esilio. Tuttavia, questa è solo un'unione superficiale, come il sacco che tiene insieme le noci, come si è detto sopra. Per questo ho detto che dobbiamo istituire per noi un'educazione speciale attraverso una vasta propaganda, per infondere in ognuno di noi sentimenti di amore nazionale, sia tra una persona e l'altra, che tra gli individui e la collettività, per riscoprire l'amore nazionale che è stato instillato in noi fin da quando eravamo sulla nostra terra come nazione tra le nazioni.

Questo lavoro precede tutti gli altri perché, oltre a essere la base, dà statura e successo a tutte le altre azioni che vogliamo intraprendere in questo campo.

A.G.

IL NOME DELLA NAZIONE, LA LINGUA E LA TERRA

Dovremmo riesaminare il nome della nostra nazione. Siamo cresciuti abituati a chiamarci "Ebrei", mentre i nostri nomi abituali, "Giudeo" o "Israele", sono diventati obsoleti. Tanto che per distinguere il gergo dalla lingua della nazione chiamiamo la lingua "ebraico" e il gergo "yiddish".

Nella Bibbia troviamo il nome, ebreo, pronunciato solo dalle nazioni del mondo, e specialmente dagli Egiziani, come in: "Vedi, egli ci ha portato un ebreo per prendersi gioco di noi" (Genesi 39:14), o "E lì c'era con noi un giovane, un ebreo" (Genesi 41:13), o "Questo è uno dei figli degli Ebrei" (Esodo 2:6). Anche i filistei usano questo nome: "Per timore che gli ebrei facciano una spada" (1 Samuele 13:19). Lo troviamo anche nel rapporto tra noi e le nazioni, come nella guerra di Saul con i filistei, quando egli dichiarò: " Che gli Ebrei ascoltino" e "gli Ebrei attraversarono il Giordano" (1 Samuele 13:7).

Inoltre, troviamo costantemente il nome "Ebreo" vicino a termini come schiavi, come uno schiavo ebreo o una serva ebrea, ecc. Tuttavia, in verità, non incontreremo mai nella Bibbia il nome "Ebreo", ma solo uno dei due nomi, "Israele" o "Giudeo".

L'origine del nome, "Ebreo", è legata al fatto che probabilmente esisteva un popolo antico conosciuto con quel nome, poiché il versetto (Genesi 10:21) indica il nome del figlio di Noè come il padre di quella nazione: "E haShem, il padre di tutti i figli dell'Eterno". Abramo il patriarca apparteneva a quella nazione, ed è per questo che le nazioni lo chiamavano: "Abramo l'Ebreo", come pure: "e disse ad Abramo l'Ebreo"

(Genesi 14:13).

Per questo motivo, prima che Israele diventasse una nazione tra le nazioni, essi erano chiamati "Ebrei", come la nazione di Abramo il patriarca, l'Ebreo. Sebbene i figli di Israele si distinguessero in Egitto come una nazione a parte, come è scritto: "Ecco, il popolo dei figli di Israele è troppo numeroso e troppo potente per noi; venite, affrontiamoli con saggezza, per evitare che si moltiplichino" (Esodo 1:10). Tuttavia, questo nome è come il nome di una tribù e non di una nazione, perché essi diventarono una nazione solo dopo essere arrivati nella terra di Israele. Da ciò dovremmo concludere che questo è il motivo per cui le altre nazioni non hanno voluto chiamarci: "la nazione israeliana" anche dopo che eravamo arrivati in quella terra, per non ammettere la nostra esistenza come nazione. Lo hanno sottolineato chiamandoci "ebrei", come ci avevano chiamato prima che arrivassimo nella terra.

Non è un caso che il nome, "Ebrei", sia assente nella Bibbia e nella letteratura successiva, tranne che in relazione ai servi e alle domestiche, a cui il nome "Ebreo" si associa con insistenza: "Schiavo ebreo", "Serva ebrea". Ma non incontreremo mai uno "schiavo israeliano" o uno "schiavo giudeo". Questo accostamento è probabilmente una testimonianza della schiavitù in Egitto, che ci viene comandato di ricordare (Deuteronomio 5:15), "E tu ricorderai di essere stato uno schiavo in terra d'Egitto".

Ancora oggi la maggioranza delle nazioni si riferisce a noi come "giudei" o "israeliani", e solo la nazione russa si riferisce a noi come "ebrei". Si suppone che coloro che odiano Israele abbiano adottato tra loro questa etichetta, con la cattiva volontà di negare la sua nazionalità, proprio come i popoli antichi. Sembra che essi abbiano approfondito il significato di questo nome molto più di noi, che l'abbiamo scelto distrattamente perché usato nella lingua russa, senza troppi interrogativi. Ne consegue che, se vogliamo rispettare noi stessi, dobbiamo smettere di usare il termine "ebreo" in relazione a qualsiasi persona libera tra noi.

Infatti, per quanto riguarda il nome della lingua, se avessimo una fonte storica, una lingua parlata dall'antica nazione ebraica, allora forse potremmo chiamarla "ebraico". Tuttavia, non ho trovato una sola prova storica che questa antica nazione parlasse questa lingua.

Per questo motivo, dovremmo prendere in considerazione la letteratura talmudica, che è più vicina alla fonte di quanto lo siamo noi da quindici secoli.

Tra loro è stato inequivocabilmente accettato che gli antichi ebrei non usavano affatto questa lingua. Essi dicevano: "All'inizio la Torah fu data a Israele tramite le lettere ebraiche e nella lingua sacra. Fu data loro una seconda volta ai tempi di Ezra, in lettere assire e nella lingua aramaica. Israele scelsero per loro le lettere assire e la lingua sacra, e lasciarono ai non istruiti le lettere ebraiche e la lingua aramaica" (*Sanhedrin*, 21b).

Così, apprendiamo dalle loro parole che solo le lettere ci sono arrivate dagli ebrei, e non la lingua, perché dicevano: "lettere assire e lingua sacra" e non "lettere e lingua ebraica".

Troviamo (*Megillah*, p. 8), "Al contrario, una Bibbia che è scritta come traduzione, e una traduzione che è scritta come Bibbia, e le lettere ebraiche non contaminano le mani". Così, hanno sottolineato, "una traduzione che è scritta come la Bibbia, con scritte ebraiche". Non hanno detto "una traduzione che è scritta in ebraico e in lettere ebraiche", come la Mishnah (*Yadaim*, 4:5). Questo "al contrario" è tratto da lì per insegnarci che solo le lettere sono attribuite agli ebrei e non la lingua.

Inoltre non vi è alcuna prova nelle parole della Mishnah perché sembra che sul testo ci sia stata un'influenza romana. Ma quando stavano memorizzando la Mishnah hanno fatto le dovute precisazioni.

Invece, troviamo che più volte i Tannaim si riferivano al linguaggio come "la lingua sacra". Una era (*Sifrey Beracha* [*Libri delle Benedizioni*], 13), "Tutti coloro che abitano nella terra di Israele, leggono lo *Shema* mattina e sera e parlano la lingua sacra, meritano il mondo a venire". E anche (*Shekalim* fine del capitolo 3) "Impariamo da Rabbi Meir che tutti coloro che si trovano stabilmente nella terra d'Israele e parlano la lingua sacra...." ecc.

Anche supponendo di poter trovare in qualche fonte storica che gli antichi ebrei parlavano questa lingua, ciò non ci obbliga a dare loro il nome di questa lingua, poiché non c'è traccia di questa nazione tra i vivi. Come abbiamo detto, questo nome non aggiunge nulla alla nostra dignità nazionale e solo i nostri nemici ce lo hanno attribuito di proposito, per eliminare e minimizzare l'immagine dei meriti della nazione.

Quindi dovremmo anche evitare di seguire la lingua inglese, che definisce la nazione "Giudei" e la lingua "ebraica"

Dovremmo anche determinare quale sia il nome più adatto a noi: "Giudei" o "Israeliani". Il nome "Israele" deriva da nostro padre, Giacobbe, che, come è scritto, viene chiamato con espressioni di potere e di onore: "Il tuo nome non sarà più Giacobbe, ma Israele; poiché hai lottato con Dio e con gli uomini e hai trionfato" (Genesi 32:29). È dopo di lui che siamo stati chiamati "Israele".

Tuttavia, dopo re Salomone, la nazione si divise in due: le dieci tribù, che consacrarono Geroboamo figlio di Navat e le due tribù, di Giuda e Beniamino, che rimasero sotto la dinastia di Rehav'am, figlio di Salomone. Il nome "Israele" rimase alle dieci tribù, e le due tribù, di Giuda e Beniamino, presero per loro il nome di "Giudei", come abbiamo constatato nella storia di Ester: "C'era un certo giudeo nel castello di Shushan, il cui nome era Mordecai, il figlio di Jair, figlio di Shimei, figlio di Kish, un beniamita". Così anche coloro della tribù di Beniamino si chiamarono "giudei".

Le dieci tribù furono esiliate dalla terra molto prima dell'esilio di Giuda, e da allora non ne è più rimasta traccia. L'esule Giuda, che fu mandato in Babilonia, ritornò in quella regione dopo settant'anni di esilio e la ricostruì. Per questo motivo, durante tutto il periodo del Secondo Tempio, il nome "giudei" è menzionato più spesso, mentre il nome "Israele" è menzionato raramente, solo in circostanze straordinarie.

Anche noi, figli dell'esilio del Secondo Tempio, siamo chiamati principalmente con il nome di "giudei", poiché veniamo dall'esilio del Secondo Tempio, e siamo la progenie delle due tribù, di Giuda e Beniamino, che si sono dati il nome di "giudei". Di conseguenza, dovremmo stabilire che il nome della nostra nazione è "giudei" e non "la nazione israeliana" o "Israele", che è il nome delle dieci tribù.

E per quanto riguarda la lingua, dovremmo

scegliere certamente la "lingua giudaica", e non la "lingua israeliana", perché non troviamo nella Bibbia questo accostamento di "lingua israeliana", in contrapposizione alla definizione di "giudaica": "Essi non sapevano parlare giudaico" (Neemia 13,24), e anche: "E Dio disse ... 'parla ora ai tuoi servi in aramaico, perché noi lo capiamo; e non parlare con noi in giudaico il popolo che è sulle mura ha orecchie per sentire '" (2 Re 18)

Piuttosto, dobbiamo sottolineare che questo è il motivo per cui chiamavano la loro lingua, "giudaica", dato che il popolo del re Ezechiah era chiamato "giudeo", così come quelli che venivano dall'esilio in Babilonia. Ma le dieci tribù, che erano chiamate "israeliani", chiamavano anche la loro lingua "lingua israeliana". Eppure, anche se supponiamo che sia così, non è comunque una ragione per noi, figli di Giuda e di Beniamino, chiamare la nostra lingua "israeliana".

Per riassumere quanto abbiamo detto, sia alla nazione che alla lingua deve essere dato solo il nome di Giuda. La nazione deve essere chiamata "giudei", e la lingua "giudaica". Questa lingua nel suo gergo dovrebbe essere chiamata "yiddish". Solo la terra può essere chiamata "la terra di Israele", poiché è l'eredità di tutte le tribù.

Critica del marxismo alla luce della nuova realtà e soluzione alla questione dell'unificazione di tutte le fazioni della nazione.

Mi è stato chiesto di offrire una soluzione, secondo il mio punto di vista, al doloroso problema di unire tutti i partiti e le fazioni intorno a una base omogenea. Innanzitutto devo ammettere di non avere una soluzione a questa questione nel modo in cui è stata presentata. Né ci sarà mai una soluzione, come risulta dal fatto che i saggi di tutte le nazioni e di tutti i tempi l'hanno esaminata, ma non hanno trovato una soluzione naturale che possa essere accettata da tutte le fazioni. Molti hanno sofferto e molti soffriranno ancora prima di trovare l'aureo cammino che non contraddica alcuna delle loro opinioni.

La difficoltà della questione è che gli uomini non possono affatto rinunciare alla tendenza dei loro ideali, poiché si possono fare concessioni quando si tratta della vita materiale, nella misura in cui sono necessarie all'esistenza del proprio corpo, ma non è così con gli ideali. Per natura gli idealisti daranno tutto ciò che hanno per il trionfo della loro idea. E se devono rinunciare ai loro ideali anche solo un po', questa non sarà una concessione completa. Piuttosto, stanno all'erta e aspettano il momento opportuno in cui possono reclamare ciò che è loro. Non ci si può quindi fidare di tali compromessi.

Ciò è ancora più evidente con una nazione antica, con una civiltà millenaria. I suoi ideali si sono già sviluppati molto prima che in nazioni formate più di recente, quindi non c'è alcuna speranza che possano scendere a compromessi su questo, nemmeno un po'. Non è saggio pensare che alla fine, l'idea più giusta vincerà sulle altre, perché col tempo andranno tutte bene, dato che "non c'è un uomo senza il suo spazio, né una questione senza il suo momento", come hanno affermato i nostri saggi.

Per questo motivo, gli ideali ritornano nel mondo ciclicamente. Idee che erano state abbandonate nell'antichità sono riapparse nel Medioevo, e una volta dimenticate nel Medioevo, sono state fatte rinascere nella nostra generazione. Questo indica che sono tutte corrette e nessuna di esse ha il diritto di esistere in eterno.

Ma anche se questa corsa continua fa danni tremendi alle nazioni del mondo queste, hanno ancora una forte spina dorsale che permette loro di tollerare questo terribile fardello. In qualche modo questo non minaccia nell'immediato la loro esistenza. Ma cosa può fare una misera nazione quando la sua intera esistenza dipende dalle briciole e dagli avanzi di cibo che le nazioni le gettano misericordiosamente una volta che sono completamente sazie? La loro schiena è troppo fragile per sopportare il peso di questa corsa frenetica, soprattutto in questo periodo pericoloso in cui ci troviamo sull'orlo dell'abisso - tutti concordano che non è il momento per scontri e guerre interne tra fratelli.

Alla luce della gravità della situazione, ho una vera e propria soluzione da suggerire, che credo meriti di essere accettata, e che riunirà tutte le nostre fazioni in una singola unità. Tuttavia, prima di iniziare a presentare il mio suggerimento, vorrei tranquillizzare i lettori riguardo alle mie opinioni politiche.

Devo ammettere che considero l'idea socialista di una divisione equa e giusta come la più vera. Il nostro pianeta è abbastanza ricco da provvedere a tutti, quindi perché dovremmo combattere fino alla morte questa tragica guerra che ha offuscato le nostre vite per generazioni?

Condividiamo in egual misura tra noi il lavoro, i suoi prodotti e la fine di tutti i problemi. Dopotutto che piacere provano i milionari, se non la sicurezza del loro sostentamento e quello della loro progenie per diverse generazioni? Ma in un regime di divisione equa potranno ottenere la stessa forte certezza e anche di più.

E se doveste dire che non avranno il rispetto che avevano quando erano proprietari di patrimoni, anche questo è insignificante, dato che tutti i forti che hanno acquisito il potere di meritarsi il rispetto come proprietari, troveranno certamente la stessa misura di onore altrove, perché le porte della competizione e dell'onore non saranno mai chiuse a chiave.

In effetti, per quanto autentico possa essere questo ideale, a coloro che vi aderiranno ora non prometto neanche un angolo di paradiso. Al contrario, è garantito che avranno problemi come all'inferno, come ci ha già insegnato la Russia che ne è la prova vivente. Tuttavia, questo non nega la correttezza di questo ideale.

Il suo unico difetto è che per noi è prematuro. In altre parole la nostra generazione non è ancora moralmente matura da poter digerire un regime di divisione equa e giusta. Questo perché non abbiamo avuto abbastanza tempo per evolvere a sufficienza per accettare il principio:

"da ciascuno secondo le sue capacità, a ciascuno secondo le sue necessità"

Questo è come il peccato di *Adam HaRishon*, il primo uomo. I nostri antichi saggi hanno spiegato che il peccato fu perché: "egli mangiò frutta acerba", prima che fosse abbastanza matura. Per quel piccolo gesto il mondo intero è stato condannato a morte. Questo ci insegna che questo fatto è il precursore di tutti i mali nel mondo.

Le persone non sanno come porre attenzione e osservare i fatti per vedere se sono maturi a sufficienza. Anche se una questione può essere utile, ed è vera secondo il suo contenuto, dobbiamo approfondire per vedere se è maturata a sufficienza, e se i destinatari sono sufficientemente maturi per poterla digerire nel loro intestino. Finché manca ancora il tempo dello sviluppo, ciò che è veritiero e benefico si trasformerà in qualcosa di dannoso e ingannevole da digerire. Pertanto saranno condannati a morire, perché chi mangia frutta acerba muore per il suo peccato.

Alla luce di ciò, il groviglio russo non ha dimostrato che l'ideale socialista sia sostanzialmente ingiusto, dato che non hanno avuto tempo a sufficienza per accettare questa verità e questa giustizia.

Non sono ancora in grado di comportarsi di conseguenza, sono solamente danneggiati dal loro sviluppo insufficiente e dalla mancanza di predisposizione verso questo ideale.

Vale la pena di ascoltare le parole di M. Botkovsky (*Davar*, articolo n. 4507): Egli chiede: "Perché un politico, un membro del movimento socialista, non dovrebbe fare come quel fisico che, in seguito all'esperienza, ha scoperto difetti nell'interpretazione a cui era abituato secondo le leggi ferree della sua teoria, e non ha avuto paura di abbandonarla?

Prima ha cercato di aggiustarla leggermente e alla fine, quando non ha potuto più fronteggiare la realtà, fu pronto a dichiararla non idonea".

Egli spiega: "In un momento di distruzione del Movimento Operaio Internazionale, dobbiamo purificarci dai pregiudizi. Quando i fatti parlano il linguaggio della sconfitta, dobbiamo sederci di nuovo alla scrivania ed esaminare con rigore il metodo e i suoi principi. Dobbiamo riconoscere la responsabilità che grava sulle spalle di coloro che continuano a indagare su quella strada e i suoi fondamenti.

Questo è il percorso del pensiero scientifico quando è messo alle strette dalle contraddizioni tra la nuova realtà e la teoria che spiega la vecchia realtà. Solo una svolta ideologica permette una nuova scienza e una nuova vita".

E conclude: "Se non neghiamo la nostra coscienza, affermiamo che è arrivato il tempo di un dibattito approfondito, un periodo di travaglio. Ora è il momento che i leader del movimento si alzino in piedi e rispondano alla domanda: "Cosa significa oggi il socialismo? Qual è la strada che devono percorrere le truppe?"".

Dubito che qualcuno nel movimento risponderà alle sue parole, o forse sarà in grado di capire le sue parole per come sono veramente. Non è facile per un uomo centenario che ha avuto tanto successo nei suoi studi fino ad ora, alzarsi e tutto d'un tratto cancellare la sua teoria precedente, tornare a sedersi alla scrivania nuovamente e riprendere gli studi come quel fisico o come il compagno Botkovsky richiede ai leader del movimento socialista.

Eppure, come si possono ignorare le sue parole? Mentre è ancora possibile stare seduti con le mani incrociate riguardo alla rovina del Movimento Operaio internazionale, poiché non si trovano di fronte a una distruzione imminente, hanno ancora assicurata una certa condizione di vita come servi e schiavi sottomessi; non è così per quanto riguarda il pericolo che il Movimento Operaio Ebraico si trova ad affrontare. Essi stanno veramente affrontando lo sterminio sotto lo slogan del nemico: "distruggere, uccidere e far perire... bambini e donne", come ai tempi della Regina Ester.

Non dobbiamo paragonare il nostro stato di distruzione con quello del movimento tra le nazioni del mondo. Se fossimo soltanto venduti come schiavi o servi, resteremmo in silenzio come loro. Tuttavia ci viene negata persino la sicurezza della vita come schiavi e servi.

Non dobbiamo quindi lasciar passare il momento. Dobbiamo tornare a sederci alla scrivania, riesaminare l'ideale socialista alla luce dei fatti e delle contraddizioni che sono emerse ai giorni nostri, e non temere affatto di rompere le barriere ideologiche, perché nulla impedisce di salvare vite umane.

A tal fine, esamineremo brevemente l'evoluzione del socialismo fin dalle sue prime fasi. In generale, ci sono tre periodi: Il primo è stato il socialismo umanistico basato sullo sviluppo della moralità.

Era rivolto esclusivamente agli sfruttatori.

Il secondo si basava sul riconoscimento della giustizia e della malvagità. Era rivolto principalmente agli sfruttati, per portarli alla consapevolezza che i lavoratori sono i veri proprietari di ogni frutto del lavoro e che il prodotto sociale appartiene a loro. Poiché gli operai sono la maggioranza nella società, si era certi che una volta capito di essere i giusti, si sarebbero sollevati come uno solo, avrebbero preso ciò che era loro e avrebbero istituito un governo che attuasse una divisione giusta ed equa nella società.

Il terzo è il marxismo, che ha avuto più successo di tutti, e che si basa sul materialismo storico. La grande contrapposizione tra forze creative, cioè i lavoratori e coloro che li sfruttano, i datori di lavoro, implica che la società finisca per andare incontro al pericolo e alla distruzione. Allora arriverà la rivoluzione nel regime della produzione e della distribuzione. Il governo capitalistico sarà costretto alla rovina a favore del governo del proletariato.

Secondo Marx, questo governo doveva emergere da solo, per causa ed effetto. Ma allo scopo di arrivare prima alla fine, bisognava cercare tattiche e porre ostacoli al governo capitalista, per anticipare la rivoluzione.

Prima di arrivare a criticare il suo metodo, devo ammettere che è il più giusto tra tutti quelli dei suoi predecessori. Dopotutto, abbiamo assistito al grande successo che ha avuto in quantità e qualità in tutto il mondo, prima di arrivare alla sperimentazione pratica con molti milioni di russi. Fino ad allora, quasi tutti i leader dell'umanità ne erano attratti e questa è una vera testimonianza della validità del suo metodo.

Inoltre, anche teoricamente, le sue parole hanno un valore e nessuno è stato in grado di contraddire la sua posizione storica secondo cui l'umanità si sta dirigendo lentamente e gradualmente verso l'alto, come su una scala. Ogni passo non è che la negazione del precedente, quindi ogni movimento e fase che l'umanità ha compiuto nel governo politico non è che la negazione del suo stato precedente.

La durata di ogni fase politica è solo il tempo necessario per svelare le sue mancanze e il suo male. Mentre scopre i suoi errori, lascia il posto a una nuova fase, liberata da questi errori. Così, questi guasti che appaiono in una situazione e la distruggono sono le forze stesse dell'evoluzione umana, poiché elevano l'umanità a uno stato più corretto.

Inoltre, gli errori della fase successiva portano l'umanità ad un terzo e migliore stato. Così, persistendo in successione, queste forze negative che appaiono nelle situazioni sono le ragioni del progresso dell'umanità. Attraverso di esse, si sale sui gradini della scala. Sono affidabili nell'adempimento del loro dovere che è quello di portare l'umanità all'ultimo, il più desiderabile stato di evoluzione, purificata da ogni ignominia e imperfezione. In questo processo storico, egli ci mostra come il governo feudale abbia manifestato le sue mancanze e sia stato corrotto, lasciando il posto al governo borghese. Ora è tempo che il governo borghese mostri i suoi fallimenti e sia distrutto facendo posto ad un governo migliore, che secondo lui è il governo del proletariato.

Tuttavia, in questo ultimo punto, dove promette che dopo la rovina dell'attuale governo borghese verrà immediatamente insediato un governo proletario, qui sta il punto debole del suo metodo: la nuova realtà che abbiamo davanti lo nega. Egli pensava che il governo proletario sarebbe stato il passo successivo al governo borghese, e quindi riteneva che annullando il governo borghese si sarebbe instaurato immediatamente un governo proletario. Eppure la realtà dimostra che il passo successivo alla distruzione dell'attuale governo è quello dei nazisti o dei fascisti. Evidentemente siamo ancora a metà dello sviluppo umano. L'umanità non ha ancora raggiunto il livello più alto della scala evolutiva. Chi può presupporre quanti fiumi di sangue devono ancora essere versati prima che l'umanità raggiunga il livello desiderato?

Per trovare una via d'uscita a questa situazione complicata, dobbiamo comprendere a fondo la sopracitata legge di evoluzione graduale su cui egli ha basato tutto il suo metodo. Dobbiamo sapere che questa legge è inclusiva per l'intera creazione, tutti i sistemi della natura, sia organici che inorganici, si basano su di essa fino alla specie umana con tutte le sue proprietà sia idealistiche che materiali.

In tutto ciò, non c'è nulla che non obbedisca alla legge ferrea dell'evoluzione graduale che deriva dalla collisione di queste due forze: 1. una forza positiva, cioè costruttiva, 2. una forza negativa, cioè una forza che nega e distrugge.

Esse creano e completano l'intera realtà, in generale e in particolare, attraverso una dura e continua guerra tra loro. Come abbiamo detto sopra, la forza negativa appare alla fine di ogni fase politica, elevandola a uno stato migliore. Così le fasi si susseguono fino a raggiungere la loro perfezione finale.

Prendiamo il pianeta Terra come esempio: all'inizio non era che una palla di gas simile a una nebbia. Attraverso la forza di gravità al suo interno, in certo periodo di tempo, ha concentrato gli atomi in essa contenuti in un cerchio più stretto. Di conseguenza, la sfera di gas è diventata una palla di fuoco liquida.

Dopo periodi di guerre tremende tra le due forze della Terra, quella positiva e quella negativa, infine la forza di raffreddamento ha trionfato sulla forza del fuoco liquido. Ha raffreddato una sottile crosta intorno alla terra che si è indurita.

Tuttavia, dallo scontro delle forze il pianeta non si era ancora placato e dopo qualche tempo la forza liquida del fuoco vinse ed eruttò con grande tumulto dalle viscere della Terra, sollevando e frantumando la crosta fredda e dura e trasformando di nuovo il pianeta in una palla di fuoco. Di nuovo iniziò un periodo di guerre nuove finché alla fine la forza del fuoco venne nuovamente sopraffatta e questa volta la crosta fu più spessa e più resistente all'eruzione dei fluidi. Questa volta durò più a lungo, ma alla fine i liquidi si sovrapposero nuovamente e esplosero dalle viscere della Terra, facendo a pezzi la crosta. Ancora una volta venne tutto distrutto e si trasformò in una palla liquida.

Così i periodi si sono avvicendati uno dietro l'altro e ogni volta che la forza di raffreddamento ha prevalso, la crosta conquistata è diventata più spessa. Alla fine le forze positive hanno sopraffatto quelle negative e sono entrate in totale armonia: i liquidi hanno preso il loro posto nelle viscere della Terra e la crosta fredda intorno è diventata abbastanza spessa da permettere la creazione di vita organica al di sopra, com'è oggi.

Tutti i corpi organici si sviluppano secondo lo stesso ordine. Dal momento della semina fino alla loro maturazione, subiscono diverse centinaia di periodi di situazioni causate dalle due forze, quella positiva e quella negativa e dalla guerra tra esse, come descritto riguardo alla Terra. Queste guerre producono la maturazione dei frutti.

Inoltre ogni essere vivente inizia con una piccola goccia di liquido, con uno sviluppo graduale in diverse centinaia di fasi attraverso la lotta delle forze di cui sopra, diventando infine: "un grande bue, adatto ad ogni lavoro", o "un grande uomo, adatto a tutti i ruoli".

Tuttavia dovrebbe esserci un'altra distinzione tra il bue e l'uomo: oggi il bue ha già raggiunto la fase finale dello sviluppo. Per noi invece la forza materiale non è ancora sufficiente a portarci alla completezza a causa del potere contemplativo che è in noi e che è migliaia di volte più prezioso della nostra forza materiale.

Così per l'uomo c'è un nuovo ordine di sviluppo progressivo, a differenza di qualsiasi altro animale: lo sviluppo graduale del suo pensiero.

Inoltre, essendo una creatura sociale, lo sviluppo individuale non è sufficiente. La perfezione finale di ciascuno dipende piuttosto dallo sviluppo di tutti i membri della società. Per quanto riguarda lo sviluppo della propria capacità intellettuale, cioè la capacità di discernere ciò che è bene e ciò che è male per lui - anche se non dobbiamo pensare che l'uomo sia ancora allo stadio di uomo primitivo - è chiaro che non abbiamo raggiunto la perfezione. Piuttosto, siamo ancora nel bel mezzo del suo sviluppo, ancora impegnati nella guerra tra le forze positive e negative, come detto sopra a proposito della Terra, e che sono fedeli messaggere nel loro ruolo di portare l'umanità al suo completamento finale.

Come ho detto, poiché l'ideale socialista è il più giusto di tutti i metodi, richiede una generazione altamente sviluppata che possa elaborarlo e comportarsi di conseguenza. Dato che l'umanità di oggi si trova al centro della scala dello sviluppo, nel mezzo del conflitto tra le forze positive e quelle negative, non è ancora adatta a questa idea sublime. Piuttosto è prematura come un frutto acerbo. Quindi non solo non è dolce al palato, ma la forza negativa in esso è anche un veleno dannoso, a volte mortale. Questo è il guaio di quella nazione, per cui soffre così, dato che sono prematuri e privi delle qualità elementari adatte ad assumere questo giusto governo.

Il lettore non deve sospettare che io abbia un concetto spirituale di questo argomento, perché Marx stesso dice la medesima cosa: egli ammette che "al primo livello della società, le carenze sono inevitabili".

Tuttavia, promette che: "al livello più alto della società cooperativa, una volta scomparsa la rozza gerarchia delle persone nella divisione del lavoro, insieme alla contraddizione tra lavoro fisico e lavoro spirituale, quando il lavoro stesso diventa una necessità e non un mezzo di sostentamento, quando insieme allo sviluppo molteplice della personalità, le forze di produzione cresceranno e tutte le fontane della felicità della società scorreranno in abbondanza, allora la ristretta prospettiva borghese svanirà e la società scriverà sul suo vessillo: "Da ciascuno secondo la sua capacità, a ciascuno secondo le sue necessità". (Data la coerenza delle parole in relazione alla nostra discussione, ho copiato il suo estratto per intero).

Così, anche lui ammette che è senza speranza aspettarsi un governo totalmente giusto prima che l'umanità raggiunga il livello più alto, prima che il lavoro stesso diventi un'esigenza vitale, cioè il principio della vita, e non con lo scopo del profitto. Tuttavia egli afferma che quando la società si trova a un livello inferiore dovrebbe comunque essere guidata da un governo cooperativo, con tutti i suoi difetti.

Ma come si è detto sopra, questa è la carente del suo metodo. La Russia Sovietica ha già dimostrato che una società non sufficientemente sviluppata invertirà la forma di governo cooperativo nella peggiore forma di governo del mondo. Inoltre, egli ha ipotizzato che la fase successiva alla rovinosa gestione odierna sia il governo del proletariato, ma la realtà ha dimostrato che la gestione successiva all'attuale sarà quella nazista o fascista. Questo è un grave errore. E peggio ancora, la sua realizzazione, nel complesso, minaccia specificamente la nazione ebraica, senza alcuna differenziazione di classe.

Dobbiamo osservare a fondo la storia e imparare la lezione. Per prima cosa sorge la domanda: una persona così dotata che ha scosso il mondo con il suo metodo, come ha fatto a commettere un errore così grave? Qual è l'ostacolo che lo ha fatto inciampare? In effetti questo impone una seria e meticolosa considerazione delle sue parole.

Come si è detto sopra, egli ha basato il suo metodo sul materialismo storico: che la società si sviluppa tramite le sue forze conflittuali per causa ed effetto, da stato a stato.

Quando prevale la forza negativa, essa distrugge lo stato e attraverso la forza positiva ne emerge uno migliore al suo posto. Esse continuano a lottare finché alla fine la forza positiva appare in pieno.

Ciò significa tuttavia che la perfezione della società è sistematicamente garantita, poiché la forza negativa non la abbandonerà prima di averla portata a compimento. Ne consegue che possiamo stare seduti ad aspettare il suo sviluppo previsto.

Allora perché la strategia che ha messo in atto causa tutti questi problemi?

In effetti è una domanda sciocca perché questa è la differenza tra l'uomo e la bestia, in quanto tutti gli animali si affidano completamente alla natura.

Essi non sono assolutamente in grado di valorizzare la natura o di provvedere a sé stessi senza di essa. Non è così per l'uomo. Egli è dotato di capacità intellettuali grazie alle quali si libera dalle catene della natura e la supporta. La sua strada è quella di emulare il lavoro della natura e di fare allo stesso modo. Non aspetta che le uova si schiudano naturalmente e che la gallina venga a covarle, piuttosto costruisce una macchina che riscalda le uova e fa nascere i pulcini come farebbe la vera gallina.

E se lo fa per cose specifiche lo farà certamente in relazione allo sviluppo dell'intera umanità. Non farà affidamento sulle forze in conflitto, diventando un oggetto delle loro collisioni. Piuttosto egli farà progredire la natura e ne emulerà appieno il lavoro in questo sviluppo. Organizzerà una tattica valida e adeguata per ottenere in meno tempo, e con meno sofferenza, il miglior risultato.

Questo è ciò che Marx voleva con la sua strategia: l'organizzazione, i conflitti di classe e porre ostacoli per minare il regime capitalista.

La sua tattica avrebbe alleviato i dolori dei soggetti più deboli e che venissero calpestati. Li avrebbe rafforzati per essere sudditi di sé stessi e avrebbe affrettato la fine del regime arretrato per fare spazio al governo felice del proletariato. In una parola, la strategia marxista trasforma gli oggetti in soggetti, stabilendo per loro lo sviluppo che desiderano.

Riassumendo: la base è la natura dello sviluppo umano attraverso una connessione causale che noi vediamo come una macchina naturale per lo sviluppo. La tattica è una sorta di macchina artificiale per lo sviluppo umano, simile alla macchina naturale. Il vantaggio di questa tattica è il risparmio di tempo e la riduzione della sofferenza.

Ora possiamo iniziare la critica del suo metodo in modo semplice. È chiaro che quando vogliamo realizzare una macchina che sostituisca il lavoro della natura, dobbiamo prima osservare da vicino il meccanismo della natura. Successivamente, possiamo predisporre un meccanismo artificiale simile alla macchina naturale.

Ad esempio, se vogliamo realizzare una macchina che sostituisca la pancia di una gallina, che covi le uova e le faccia schiudere, dobbiamo prima comprendere a fondo le forze e le modalità di sviluppo della natura che operano nella pancia della gallina. Le osserviamo e realizziamo una macchina simile alla pancia di una gallina capace di far schiudere uova.

Ciò riguarda anche la nostra questione. Quando vogliamo realizzare una macchina che sostituisca quella dello sviluppo umano naturale, anche qui dobbiamo prima esaminare le due forze - positiva e negativa - che operano in natura. È una macchina con cui la natura esegue il processo di sviluppo. Allora, anche noi sapremo come realizzare una tattica che sia simile al meccanismo del processo naturale di sviluppo della natura, e che avrà altrettanto successo per l'evoluzione dell'umanità. Chiaramente, se fraintendiamo il meccanismo del processo naturale, il nostro sostituto sarà inutile, poiché l'intera idea qui è di imitare i modi naturali della creazione e applicare quelli artificiali al loro posto.

Per essere originali, per definire le cose in modo che si evitino errori ovunque, dobbiamo definire le due forze, positiva e negativa, che operano nella macchina dello sviluppo umano con due nomi: "egoismo" e "altruismo".

Non mi riferisco ai concetti morali che li riguardano e che normalmente usiamo. Piuttosto solo in relazione al loro aspetto materiale, cioè nella misura in cui sono radicati nel corpo dell'uomo al punto che non ci si può più liberare da essi. Ovvero, rispetto al loro essere forze attive in una persona: 1) la forza egoistica funziona in una persona in modo simile ai raggi centripeti [una forza che mira verso il centro in un movimento circolare], attirandoli dall'esterno della persona, e concentrandoli all'interno del corpo stesso;

2) la forza altruistica agisce come i raggi centrifughi [una forza che punta verso l'esterno in un movimento circolare], che fluiscono dall'interno del corpo verso l'esterno.

Queste forze esistono in tutte le parti della realtà, in ognuna secondo la sua essenza ed esistono anche nell'uomo, secondo la sua essenza. Sono i fattori chiave di tutte le sue azioni. Ci sono fatti che sono causati da una forza che serve alla propria esistenza individuale. È come una forza che attinge dalla realtà esterna al centro del corpo tutto ciò che è benefico per sé stesso. Se non fosse per questa forza, che serve a sé stessa, l'oggetto stesso non esisterebbe. Questo si chiama "egoismo".

Al contrario, ci sono fatti che sono causati da una forza che fluisce verso i corpi che traggono beneficio al di fuori di sé. Questa forza lavora a beneficio degli altri, e può essere chiamata "altruismo".

Con queste distinzioni, indico le due forze che lottano tra loro sulla via dello sviluppo umano. Chiamerò la forza positiva, "forza altruistica", e la forza negativa, "forza egoistica".

Con il termine "egoismo" non mi riferisco all'egoismo originario. Mi riferisco piuttosto all'egoismo "stretto". Cioè, l'egoismo originario non è altro che amore per sé stessi, che è tutto il potere positivo e individualistico dell'esistenza. Da questo punto di vista, non è in contrasto con la forza altruistica, anche se non le è utile.

Tuttavia, è la natura dell'egoismo e il modo di usarlo che lo rende molto stretto, poiché è più o meno costretto ad acquisire un carattere di odio e di sfruttamento degli altri per rendere più facile la propria esistenza.

Inoltre, non si tratta di un odio astratto, ma di un odio che si manifesta in atti di abuso verso l'amico a proprio vantaggio, diventando sempre più torbido secondo i suoi gradi, come l'inganno, il furto, la rapina e l'omicidio. Questo si chiama "egoismo stretto", e da questo punto di vista è in contrasto e in completa opposizione con l'amore per gli altri. È una forza negativa che distrugge la società.

Il suo opposto è la forza altruistica. Questa è la forza costruttiva della società, poiché tutto ciò che uno fa per l'altro è fatto solo dalla forza altruistica, come detto sopra. Inoltre, essa ascende nei suoi gradi: 1) i primi fatti di questa forza costruttiva sono l'avere figli e la vita familiare; 2) i secondi sono a beneficio dei parenti; 3) i terzi vanno a beneficio dello Stato; 4) e i quarti a beneficio del mondo intero.

La forza altruistica è l'intero fattore della struttura sociale. Come detto sopra, questi sono gli elementi che operano nella macchina naturale dello sviluppo dell'umanità: la forza egoistica, che è negativa per la società, e la forza altruistica che è positiva.

Nella sua emulazione della macchina naturale dello sviluppo, Marx ha considerato solo i risultati di queste forze negative e positive, che sono la costruzione e la distruzione che hanno luogo in una società. Ha stabilito il piano della sua strategia in base a esse e ha trascurato le cause di questi risultati.

Questo è simile a un medico che non si accorge della radice di una malattia, ma che guarisce il paziente solo in base ai suoi sintomi superficiali. Questo metodo fa sempre più male che bene, poiché bisogna tener conto di entrambi: la causa della malattia e la malattia stessa, e poi si può prescrivere una cura efficace. La stessa pecca esiste nella tattica marxista: non ha tenuto conto delle forze soggettive della società, ma solo delle forze costruttive e dei difetti.

Di conseguenza, la direzione della sua strategia era opposta a quella prestabilita, perché mentre la direzione voluta è altruistica, la direzione della strategia era opposta. È chiaro che il regime cooperativo deve essere condotto in una direzione altruistica, poiché le parole stesse, "giusta divisione", contengono una chiara percezione altruistica e sono completamente prive di approccio egoistico.

L'egoismo si sforza di usare l'altro interamente a suo favore. Di per sé non c'è giustizia nella realtà, fintanto che esso non lavora per il proprio bene. La parola stessa "giustizia" significa "relazioni reciproche ed eque", che è un concetto a favore dell'altro. E nella misura in cui uno riconosce il diritto dell'altro, perde necessariamente il proprio diritto egoistico.

Si scopre che il termine stesso: "giusta divisione", è altruistico.

In effetti, è impossibile rimediare alle spaccature che sorgono nella società con una divisione equa, se non con un altruismo spropositato. È così perché la ricompensa per il lavoro spirituale è più appagante di quella del lavoro fisico, e il lavoro di un uomo veloce è più remunerativo del lavoro di uno lento, e uno scapolo dovrebbe ricevere meno di uno impegnato con una famiglia. Inoltre, le ore di lavoro e la produzione dovrebbero essere uguali per tutti. In effetti, come riparare questi strappi?

Questi sono gli strappi principali, ma si ramificano di strappo in strappo in decine di migliaia, come viene messo in atto davanti a noi nello spettacolo sovietico. L'unico modo per ricucirli è attraverso una buona volontà altruistica, in cui i lavoratori spirituali rinunciano un po' alla loro parte a favore dei lavoratori fisici, e gli scapoli a favore di quelli impegnati con la famiglia... o come lo stesso Marx disse: "Il lavoro stesso diventerà un bisogno imperativo e non solo un mezzo di sostentamento". Questa è a dir poco una direzione completamente altruistica.

E poiché un regime propositivo deve essere di natura altruistica, è necessario che anche la tattica che mira a tale scopo sia nella stessa direzione della meta, cioè una direzione altruistica.

Tuttavia, nella strategia marxista, troviamo la direzione egoistica più stretta. Questa è la direzione opposta all'obiettivo: alimentare l'odio della classe opposta, porre ostacoli per disgregare il vecchio regime, coltivando tra gli operai la sensazione che tutto il mondo sta godendo grazie al loro lavoro. Tutto ciò intensifica eccessivamente le strette forze egoistiche tra gli operai. Li svuota completamente della forza altruistica insita in loro per natura. E se la strategia è in direzione opposta all'obiettivo, come si riuscirà mai a raggiungerlo?

Questo ha generato una contraddizione tra la sua teoria e la nuova realtà: egli pensava che la fase successiva al regime borghese sarebbe stato un regime del proletariato cooperativo, ma alla fine, siamo testimoni viventi che se il governo democratico borghese fosse stato rovesciato, un regime nazista e fascista sarebbe sorto prontamente al suo posto. Inoltre, non sarà necessariamente durante una guerra in corso, ma ogni volta che il governo democratico sarà distrutto, un regime fascista o nazista gli succederà.

Non c'è dubbio che se questo dovesse accadere i lavoratori verrebbero riportati indietro di mille anni.

Dovranno aspettare che diversi regimi sorgano per causa ed effetto prima che il mondo ritorni al regime borghese democratico di oggi. Tutto ciò è emerso dalla strategia egoistica che è stata data a quei soggetti che dovevano essere il governo del proletariato e ciò ha portato il movimento in una direzione opposta rispetto all'obiettivo.

Dovremmo anche tener conto del fatto che tutti coloro che stanno distruggendo il processo naturale del giusto governo in realtà provenivano dal proletariato e sono emersi dal loro interno, e non necessariamente dai sovietici, ma la maggior parte dei nazisti erano inizialmente anche socialisti puri, così come la maggioranza dei fascisti. Lo stesso Mussolini era inizialmente un appassionato leader socialista. Questo completa il quadro, come la strategia marxista abbia portato gli operai nella direzione completamente opposta rispetto alla meta.

In effetti, è difficile stabilire se una questione così semplice sarà trascurata dall'ideatore del metodo marxista, tanto più che egli stesso ha stabilito che: "non c'è rimedio per la società cooperativa finché non scompaia la grossolana gerarchia nella divisione del lavoro e non sparisca il conflitto tra lavoro fisico e lavoro spirituale". È chiaro quindi che egli era consapevole del fatto che una società cooperativa senza la completa rinuncia dei membri alle loro quote a favore del prossimo, è insostenibile.

E siccome sapeva di quell'elemento altruistico che è obbligatorio nella società, dico che non intendeva affatto fornire una tecnica risolutiva con la sua strategia. Piuttosto, intendeva soprattutto affrettare - attraverso questa tattica - la fine dell'attuale ingiusto governo da un lato, e dall'altro, organizzare il proletariato internazionale e prepararlo a essere una forza potente e decisiva quando il regime borghese sarebbe stato rovesciato. Si tratta di due elementi indispensabili nelle fasi che facilitano il regime di una società cooperativa.

Da questo punto di vista, la sua strategia è un'invenzione geniale, unica nella storia. E per quanto riguarda la costituzione della società felice, si è affidato alla storia stessa per completarla, perché gli era chiaro che in tempi difficili, quando il regime borghese diventa moribondo, l'organizzazione proletaria si troverà impreparata ad assumere il governo. In quel momento i lavoratori dovranno scegliere una delle due opzioni: 1) distruggersi e lasciare che i veri distruttori, i nazisti e i fascisti, assumano il regime della società, oppure 2) trovare una buona tattica per legittimare i lavoratori ad assumere il governo nelle loro mani.

Nella sua mente era certo che quando si sarebbe arrivati a una condizione in cui il proletariato internazionale sarebbe diventato una potenza decisiva nel mondo, lo avremmo ringraziato per la validità del suo metodo che ci aveva portato a questo punto, e noi stessi avremmo cercato la via per continuare a muoverci verso la meta.

In effetti, non c'è mai stato un inventore che non abbia lasciato il completamento della sua opera ai suoi successori.

Esaminando più a fondo il suo metodo vedremmo che, in realtà, non ha potuto inventare per noi una strategia per completare la preparazione degli operai, in quanto sono due procedure che si contraddicono l'una con l'altra.

Per creare il movimento più velocemente e annientare i governi degli sfruttatori, ha dovuto usare una tecnica nella direzione dell'egoismo più stretto, cioè sviluppare un odio profondo verso la classe degli sfruttatori per aumentare il potere negativo con uno strumento che possa distruggere il vecchio regime nel più breve tempo possibile, e per organizzare i lavoratori in legami più forti.

Per questo motivo, ha dovuto sradicare e neutralizzare la forza altruistica del proletariato, la cui natura è quella di tollerare e concedersi ai suoi sfruttatori. Per preparare gli operai al "socialismo pragmatico", in modo che potessero assumere il governo *de facto*, ha dovuto usare la tecnica in direzione altruistica, che contraddice la "procedura organizzativa". Così deve aver lasciato questo lavoro per noi di proposito.

Non dubitava della nostra comprensione o della nostra capacità, poiché la questione era così semplice che un governo cooperativo era fattibile solo su base altruistica, quindi avremmo dovuto adottare una nuova strategia in direzione altruistica e preparare i lavoratori a prendere in mano la governance in modo pratico e sostenibile. Tuttavia, per esprimerlo, ha ritenuto necessario descrivere per noi la forma corretta di giusto governo del proletariato con le poche parole: "La società metterà in pratica il suo motto: 'da ciascuno secondo le sue capacità, a ciascuno secondo le sue azioni'". Così, anche una persona totalmente cieca capirebbe che un governo giusto è inconcepibile se non in una società altruistica nel vero senso della parola.

Da questo punto di vista, il marxismo non si è imbattuto in nessun confronto a causa del mancato successo dell'esperienza russa. E se il marxismo è stato fermato, è solo perché il suo ruolo è stato completato nel primo atto, cioè organizzare il proletariato internazionale in una forza. Ora dobbiamo trovare un modo pratico per qualificare il movimento perché possa effettivamente prendere in mano il governo.

Come detto sopra, la procedura attuale deve essere in direzione completamente opposta alla strategia precedente. Dove avevamo sviluppato l'egoismo eccessivo, che ha avuto molto successo nel primo atto, ora dobbiamo alimentare tra gli operai l'estremo altruismo. Questo è assolutamente obbligatorio per la natura sociale del regime cooperativo. Così, guideremo il movimento con fiducia verso il suo ruolo pratico di prendere in mano il governo nella forma più definitiva e soddisfacente.

So che non è il lavoro più semplice invertire completamente la direzione del movimento in modo che tutti coloro che ascoltano vengano bruciati da esso come se si trattasse di acqua bollente. Eppure, non è così male come viene descritto. Possiamo far comprendere al movimento che l'interesse di classe dipende da questo: "resistere o morire", se continuare il movimento marxista o consegnare i poteri di governo ai nazisti e ai fascisti, le forze più pericolose per il governo dei lavoratori, che rischiano di farli regredire di mille anni.

Quando le masse lo capiranno, è certo che adotteranno facilmente la nuova impostazione pratica che le porterà a prendere effettivamente la guida del governo. Chi non ricorda come il mondo intero ha atteso con ansia la fine riuscita del regime sovietico?

E se non avessero avuto successo, il mondo intero sarebbe senza dubbio sotto le redini del governo cooperativo. In effetti, i russi non avrebbero potuto mai avere successo perché la direzione organizzativa a cui le masse sono abituate è quella egoistica, necessaria nel primo atto, che per natura è un potere che distrugge il governo cooperativo.

Prima che il metodo venga accettato, è troppo presto parlare nel dettaglio del programma pratico di questa direzione, soprattutto perché il testo è già diventato troppo lungo.

In breve, possiamo dire che dobbiamo organizzare una propaganda tale, sia scientifica che pratica, in grado di instillare nell'opinione pubblica l'idea che ogni membro che non eccelle nell'altruismo è come un predatore non adatto a stare tra gli esseri umani, finché si sentirà all'interno della società come un assassino e un rapinatore.

Se ci impegniamo sistematicamente a far circolare questa questione con i modi appropriati, non sarà necessario un processo così lungo. L'hitlerismo dimostra che in un breve periodo di tempo un intero Paese è stato messo sottosopra dalla propaganda e ha accettato la sua visione bizzarra.

Ora che i fatti storici hanno chiarito il modo corretto in cui il movimento dovrebbe essere condotto d'ora in poi, faccio un appello urgente al nostro proletariato. Come è stato detto sopra, le nazioni del mondo possono aspettare, soprattutto ora che c'è uno sconvolgimento globale e che dobbiamo prima liberarci dal pericolo hitleriano. Ma noi non abbiamo tempo da perdere. Vi chiedo di prestare attenzione immediata a questo nuovo metodo che ho proposto, e che io chiamo "socialismo pragmatico", perché fino ad ora il ruolo del socialismo, a mio avviso, è stato solo "socialismo organizzativo", come detto sopra.

Se il mio metodo venisse accettato, dovremmo anche cambiare la tecnica esteriore, dove invece della vecchia arma dell'odio di classe e dell'odio per la religione, verrà data loro una nuova arma di odio per l'eccessivo egoismo dei proprietari. Il suo compito avrà successo sotto ogni punto di vista, perché non solo la classe opposta non sarà in grado di difendersi con le spesse armature dei dogmi morali e religiosi, ma sradicherà anche lungo il cammino varie erbacce nocive del nazismo e del fascismo che hanno messo radici abbastanza profonde tra il proletariato stesso, minando la sua esistenza, come detto sopra.

Dobbiamo anche tener conto della bellezza di quest'arma, che è la più seducente e che può unire i nostri giovani intorno ad essa. In realtà, il cambiamento non è tanto nella sua strategia, ma soltanto nel suo risultato. Fino ad ora, quando si è combattuto contro la deprivazione di classe, il combattente guardava sempre attraverso l'angusta prospettiva possessivo-egoistica, dato che stava proteggendo il proprio patrimonio. Così, insieme alla sua guerra, aumentava in lui l'eccessiva forza egoistica, e i guerrieri stessi erano coinvolti nella medesima stretta prospettiva borghese.

È anche molto diverso dall'approccio dei proprietari, perché questi credono di avere pieno diritto da tutte le parti, per legge, religione ed etica, proteggendosi con tutti i mezzi. Tuttavia, quando si combatte contro l'egoismo dei proprietari usando l'ampia prospettiva di una percezione altruistica, il risultato è che il potere dell'altruismo cresce dentro di loro in proporzione al livello della loro battaglia. Così, il diritto dei proprietari diventa molto debole e non possono difendersi, perché questo tipo di guerra si basa soprattutto sulla percezione etica e religiosa nei proprietari stessi.

Perciò, il mio metodo contiene la soluzione di un'unità nazionale, di cui in questo momento siamo così assetati. Presumibilmente, la storia stessa ha già distrutto molte delle divisioni politiche tra noi, perché ora non possiamo più distinguere tra non sionisti, sionisti spirituali, sionisti politici, sionisti territoriali, ecc. Ora che tutte le speranze di respirare aria libera al di fuori del nostro Paese sono andate in frantumi, anche i più giurati non sionisti e perfino i più estremi sono diventati, per necessità, sionisti pratici e completi. Così, in linea di principio, la maggior parte delle fratture tra noi sono state sanate.

Tuttavia, soffriamo ancora di due terribili divisioni: 1) divisione di classe; 2) divisione religiosa. Non dobbiamo minimizzare in alcun modo, né possiamo sperare di liberarcene mai. Tuttavia, se il nuovo metodo del "socialismo pragmatico", che ho suggerito, sarà accettato dal movimento, ci sbarazzeremo una volta per tutte anche del cuneo di classe, che è stato conficcato nelle spalle della nazione.

Come si è detto sopra, la nuova strategia prende molto dalla religione, e non è rivolta ai peccatori che abusano, ma solo ai loro peccati - solo all'egoismo spregevole che c'è in loro. In verità, quella stessa guerra si svilupperà in parte anche all'interno del movimento che necessariamente abolirà l'odio di classe e l'odio religioso. Otterremo la capacità di comprenderci l'un l'altro e di raggiungere la completa unità della nazione con tutte le sue fazioni e partiti, come richiede questo tempo avverso per tutti noi. Questa è la garanzia della nostra vittoria su tutti i fronti.

RIGUARDO ALLA DOMANDA
DEL GIORNO

Ci siamo stancati delle informazioni contraddittorie che riceviamo ogni giorno sull'adesione dell'Italia alla guerra. Una volta ci è stato promesso che Mussolini non avrebbe avuto il coraggio di combattere gli Alleati, e un'altra volta che si sarebbe unito prontamente alla guerra. I cambiamenti avvengono quotidianamente e i nervi sono a pezzi. Tutte le indicazioni mostrano che queste informazioni sono state modificate e presentate a noi da una fabbrica Hitler-Mussolini, il cui unico scopo è indebolire i nostri nervi.

In un modo o nell'altro, dobbiamo cercare un rifugio e una via di fuga per sbarazzarci di loro. Dobbiamo prontamente allontanarci da tutte queste strane notizie e cercare di seguire i fattori trainanti di tutte queste avventure da soli, in modo da poter capire tutte quelle mosse sconcertanti di Hitler-Mussolini.

Ma soprattutto, dobbiamo approfondire il contenuto del loro accordo. Si sa che hanno firmato due contratti: 1) Il primo era solo un accordo politico, che hanno chiamato "Asse Roma-Berlino". Il suo contenuto è l'aiuto politico reciproco e la divisione tra loro di alcune aree di influenza. In seguito a questo accordo, Hitler ha fornito aiuto politico a Mussolini nella guerra in Etiopia, e Mussolini ha fatto lo stesso per Hitler nelle sue avventure prebelliche, e continua a farlo ancora. 2) In prossimità dello scoppio della guerra, hanno fatto un secondo patto militare, di cui non conosciamo il contenuto. Tuttavia, in generale, sappiamo che si sono impegnati in un vero e proprio aiuto militare reciproco.

Ci sono prove sufficienti per supporre che non si sono impegnati a condurre la guerra insieme immediatamente, come nel caso dell'accordo Inghilterra-Francia. Questo accordo è stato costruito interamente su iniziativa di Hitler, perché voleva mettersi al sicuro da qualsiasi difficoltà che potesse arrivare, se si fosse trovato in una crisi militare e avesse avuto bisogno dell'assistenza dell'Italia. In questo momento, l'accordo impegna l'Italia a venire in suo aiuto, su invito di Hitler, e naturalmente, a determinate condizioni per quanto riguarda la spartizione del bottino.

Ma in fondo, Hitler non pensava che avrebbe avuto bisogno dell'assistenza militare dell'Italia. Le ragioni erano due: 1) era fiducioso della sua forza e non si fidava delle capacità militari dell'Italia; 2) inoltre, già il precedente accordo politico, "l'Asse Roma-Berlino", gli assicurava un consistente aiuto militare, poiché con semplici manovre politiche l'Italia poteva impegnare molte delle forze nemiche ai suoi confini. Questo non è lontano dall'assumere un ruolo attivo nella guerra. Non aveva quindi alcun desiderio di coinvolgere Mussolini nella sua guerra. Il patto militare che aveva fatto con lui era solo in caso di crisi militare, che avrebbe impegnato Mussolini a venire in suo aiuto esplicitamente su invito di Hitler, e l'iniziativa non sarebbe stata affatto nelle mani di Mussolini.

Di contro, Mussolini sperava di realizzare, attraverso questa guerra, tutti i suoi piani fascisti per il ripristino dell'antico Impero Romano. Non poteva sperare in un'opportunità migliore che combattere la sua guerra al fianco di Hitler. Indubbiamente aspetta con ansia il momento in cui Hitler gli chiederà di unirsi a lui nella guerra. Presumibilmente, Hitler non ha perso fiducia nel suo potere e non ha ancora alcun desiderio di coinvolgerlo nella guerra o, piuttosto, di dividere il bottino con lui.

Seguendo questa linea, risulta quindi che finché non sentiremo che c'è una vera crisi tra le armate di Hitler, non abbiamo nulla da temere dalle minacce di Mussolini e dai suoi preparativi di guerra. Non sono altro che astute manovre militari volte a bloccare gli Alleati ai confini e a indebolire il più possibile il potere degli Alleati al fronte, secondo le condizioni dell' "Asse Roma-Berlino". (Mentre scrivevo, è arrivata l'informazione che l'Italia ha aderito alla guerra, per cui il saggio è stato interrotto a metà. Finiremo l'articolo in base alla situazione attuale).

Ora che l'entrata in guerra dell'Italia è diventata un dato di fatto, molto è stato chiarito, se si discute secondo la linea che abbiamo tracciato. Ora sappiamo per certo che nell'ultima battaglia Hitler è arrivato a una vera e propria crisi e i suoi poteri sono stati indeboliti del tutto. Altrimenti non avrebbe senza dubbio incluso l'Italia nella guerra. Per questo motivo, l'adesione dell'Italia alla guerra è una buona notizia, in un certo senso, con riferimento alla rovina della Germania. Speriamo che neanche l'aiuto dell'Italia la salvi e che ora la vittoria degli Alleati sia certa più che mai.

PALCO PUBBLICO

Con la presente offriamo spazio nel nostro giornale per un "palcoscenico pubblico" a chiunque voglia discutere di questioni nazionali e in particolare dell'unificazione della nazione. Inoltre chiunque abbia una faccenda nazionale importante o un piano per unire la nazione, così come argomenti che analizzano queste questioni, siamo disposti a prenderli e a pubblicarli nel nostro giornale.

I redattori

Indice dettagliato

Altre Letture

Https://www.kabbalah.it/studiare-la-kabbalah/libri-di-kabbalah/

I nostri libri sono presenti anche nel Catalogo del Servizio Bibliotecario Nazionale (OPAC SBN) per poterli consultare gratuitamente. Ricerca qui il titolo e consulta in quale biblioteche è disponibile https://opac.sbn.it/opacsbn/opac/iccu/free.jsp

Tutti i libri di Amazon si possono ordinare anche presso le librerie Giunti al Punto https://www.giuntialpunto.it/librerie

LIBRI PER TUTTI

Il Punto nel Cuore (Edizioni Laitman) di Michael Laitman.

https://amzn.to/47qVCB2

Quando la vita sfugge di mano, quando dovete riflettere, prendervi del tempo e stare da soli con i tuoi pensieri questo libro vi aiuterà a ritrovare la bussola interiore. Il Punto nel cuore è una raccolta di estratti del Dott. Michael Laitman: scienziato, kabbalista e grande pensatore. Egli presenta l'antica saggezza in uno stile avvincente. In questi tempi difficili, il suo sito www.kabbalah.info offre un rivestimento d'argento per coloro che cercano conforto vero e duraturo.

Il Kabbalista (Edizioni VandA) di Semion Vinokur.

https://amzn.to/3OTKNjW

All'alba dell'era più letale nella storia umana, il XX secolo, apparve un uomo misterioso portando all'umanità un severo avvertimento ed una difficile soluzione per la sua sofferenza. Nei suoi scritti il kabbalista Yehuda Ashlag descrisse con chiarezza e dettagliatamente le guerre e gli sconvolgimenti che aveva previsto e, cosa ancora più sorprendente, l'attuale crisi economica, politica, sociale che stiamo affrontando oggi. Il suo profondo desiderio di un'umanità unita lo ha condotto a rivelare Il Libro dello Zohar per rendere accessibile a tutti l'unica forza in esso contenuta. Il Kabbalista è un romanzo cinematografico che capovolgerà qualsiasi cosa pensavate di sapere su Kabbalah, spiritualità, libero arbitrio e percezione della realtà. Il libro porta un messaggio di unione, con chiarezza scientifica e profondità poetica, esso trascende religioni, nazionalità, misticismo e strutture spazio-tempo per mostrarci che l'unico miracolo è quello che avviene all'interno, quando si comincia ad agire in armonia con la Natura e con l'intera umanità.

I Segreti del Libro Eterno (Edizioni Psiche2) di Michael Laitman, redatto da Semion Vinokur.

https://amzn.to/3OTKSEg

I Segreti del Libro Eterno decifra alcune delle epoche più enigmatiche, eppure più citate, della Bibbia. Lo stile vivace, ma allo stesso tempo rilassato, dell'autore, porta dolcemente nella profondità della percezione, dove si cambia il proprio mondo semplicemente tramite la contemplazione ed il desiderio. Durante la lettura, ci si innalza, delicatamente, al di sopra del livello degli eventi fisici, come vengono descritti nella Bibbia, scoprendo il Faraone, Mosè, Adamo ed Eva dentro se stessi. I Segreti del Libro Eterno rivela l'interpretazione della Bibbia secondo un vero kabbalista, mai scritta prima. Ora i lettori potranno scoprire il significato più profondo del libro più famoso del mondo, come una mappa delle forze dentro se stessi. Questo libro affascinerà anche i lettori che non si considerano "alla ricerca della spiritualità"- aldilà della nazionalità, o affiliazione religiosa.

LIBRI PER PRINCIPIANTI

Incontrare la Kabbalah (Edizioni Amrita) di Michael Laitman.

www.amazon.it/dp/8896865506

Incontrare la Kabbalah è un libro per tutti quelli che cercano risposte alle domande fondamentali della vita. Tutti vogliamo sapere perché siamo qui, perché si soffre e come possiamo fare per rendere la vita più gradevole. Le quattro parti di questo libro forniscono risposte attendibili a queste domande e anche spiegazioni chiare della sostanza della Kabbalah con la sua applicazione pratica. La prima parte tratta della scoperta della Saggezza della Kabbalah, come è stata sviluppata e poi celata fino ai nostri tempi. La seconda parte introduce il succo della Saggezza della Kabbalah, usando dieci semplici disegni per aiutarci a capire la struttura dei mondi spirituali e come si relazionano al nostro mondo.

La terza parte rivela concetti kabbalistici che sono in gran parte sconosciuti al pubblico, la parte quarta insiste sui metodi pratici che si possono acquisire per rendere le nostre vite migliori e più divertenti per noi ed i nostri figli.

Interesse Personale contro Altruismo nell'Era Globale (Edizioni Laitman) di Michael Laitman.

https://amzn.to/3KvYyCr

Riedizione del libro "Kabbalah in tempi di crisi", Interesse Personale contro Altruismo nell'Era Globale presenta una nuova prospettiva sulle sfide del mondo, considerandole conseguenze necessarie del crescente egoismo umano, invece che una serie di errori. In questo spirito il libro suggerisce come usare il nostro ego a beneficio della società, senza cercare di reprimerlo. Affermando che il futuro della società dipenda dalla collaborazione di persone che lavorano insieme per la società, affermando che gran parte del degrado della società negli ultimi decenni sia stato il risultato di narcisismo e avidità, Interesse Personale contro Altruismo nell'Era Globale è una lettura curiosa e consigliata.

Lo Zohar Rivelato (Edizioni Laitman) di Michael Laitman.

https://amzn.to/3saHFXE

Il Libro dello Zohar (Libro dello Splendore), anche conosciuto come *Lo Zohar,* è una delle opere più misteriose e mal interpretate mai scritte. Lo stupore, l'ammirazione e persino la paura che ha suscitato negli anni sono ineguagliati. Questo libro contiene i segreti dell'intera creazione, ma fino a poco fa questi segreti erano avvolti in una nube di mistero e di fraintendimenti. Oggi *Lo Zohar* sta rivelando apertamente la sua saggezza a tutto il mondo, per mostrare all'umanità una via da seguire, come annuncia il libro stesso (*VaYera*, articolo 460): "Quando i giorni del Messia si avvicineranno, anche i bambini scopriranno i segreti della saggezza". Il più grande Kabbalista del XX secolo, Rav Yehuda Ashlag (1884-1954) ci ha aperto una nuova strada per svelare i segreti dello *Zohar*. Ha scritto il *Commentario Sulam* [la Scala] e le quattro introduzioni allo *Zohar* per aiutarci a conoscere le forze che governano la nostra vita e insegnarci come possiamo assumere il controllo del nostro destino. *Lo Zohar rivelato* è l'invito per un viaggio meraviglioso verso un mondo superiore. L'autore, il kabbalista Dr. Michael Laitman, ci introduce saggiamente nelle rivelazioni del *Commentario Sulam*. In questo modo, Laitman ci aiuta a sintonizzare i nostri pensieri mentre leggiamo lo *Zohar*, per massimizzare il beneficio spirituale che ne deriva. Oltre a spiegare *Il Libro dello Zohar*, il libro contiene numerose citazioni suggestive tratte dallo *Zohar* stesso, appositamente tradotte, curate e raccolte per facilitare la lettura e la comprensione di questo potente testo.

La Cabbala Rivelata (Edizioni Feltrinelli) di Michael Laitman.

https://amzn.to/3QA4Rcb

Questa è una guida di più facile e chiara lettura, per dare un significato al mondo circostante. Ognuno dei sei capitoli si concentra su un aspetto differente della Saggezza della Kabbalah, illuminando i suoi insegnamenti e spiegandoli usando vari esempi di vita quotidiana. I primi tre capitoli de La Cabbala Rivelata spiegano perché il mondo sia in uno stato di crisi, quanto il nostro crescente desiderio stimoli sia il progresso che l'alienazione e perché il più grande deterrente per ottenere un cambiamento positivo sia radicato nella nostra anima. I capitoli da quattro a sei propongono una ricetta per un cambiamento positivo. In questi capitoli impariamo come possiamo usare la nostra anima per costruire una vita personale serena in armonia con tutta la Creazione.

Concetti di base nella Kabbalah (Edizioni Laitman) di Michael Laitman.

https://amzn.to/47oyeEm

Questo libro aiuta i lettori a coltivare un approccio ai concetti della Kabbalah, agli oggetti spirituali ed ai termini spirituali. Leggendo e rileggendo questo libro, si sviluppano interiormente osservazioni, sensi e approcci che prima non esistevano. Queste nuove osservazioni acquisite sono come dei sensori che "percepiscono" lo spazio intorno a noi, nascosto ai sensi ordinari Concetti di base nella Kabbalah è concepito per favorire la contemplazione dei termini spirituali. Una volta che siamo integrati con queste parole, possiamo cominciare a vedere la struttura spirituale che ci circonda, come se una nebbia si fosse dissolta. È un libro per coloro che desiderano risvegliare le più profonde e sottili sensazioni che si possano provare.

Una Guida alla Saggezza nascosta della Kabbalah (Edizioni Laitman) di Michael

https://amzn.to/3qnoNEz

Una Guida alla Saggezza nascosta della Kabbalah è una luce e una guida di facile lettura per i principianti di Kabbalah, comprende tutto dalla storia della Kabbalah a come questa saggezza possa contribuire a risolvere la crisi mondiale. Il libro è diviso in tre parti: la prima parte riguarda la storia, fatti e falsi miti sulla Kabbalah e introduce i suoi concetti chiave, la seconda parte ci parla dei mondi spirituali e di altre cose fantastiche come il significato delle lettere e della forza della musica, la terza parte riguarda l'applicazione della Kabbalah in un momento di crisi mondiale.

Raggiungere i Mondi Superiori (Edizioni Laitman) di Michael Laitman.

https://amzn.to/3OS3ULc

Dall'introduzione a Raggiungere i Mondi Superiori: "Non sentendosi bene durante il Capodanno ebraico nel settembre 1991, il mio maestro mi chiamò al suo capezzale e mi consegnò il suo quaderno dicendo: 'Prendilo e impara da questo'. Il mattino seguente egli morì tra le mie braccia, lasciando me e molti dei suoi discepoli senza una guida in questo mondo". "Egli era solito dire: 'Voglio insegnarvi a rivolgervi al Creatore, piuttosto che a me, perché Lui è l'unica forza, l'unica Fonte di tutto ciò che esiste, l'unico che può davvero aiutarvi ed Egli attende le vostre preghiere per farlo.

Quando desiderate aiuto nella vostra ricerca per liberarvi dai legami di questo mondo, aiuto per elevarvi al di sopra di questo mondo, aiuto per trovare il vero sé e per scoprire il vostro scopo nella vita, dovete rivolgervi al Creatore, perché è Lui che vi manda tutti questi desideri allo scopo di costringervi a rivolgervi a Lui'". Raggiungere i Mondi Superiori comprende il contenuto di quel quaderno e di altri testi ispiratori. Questo libro si rivolge a tutti coloro che cercano di trovare un modo logico e affidabile per comprendere il mondo in cui viviamo. Questa affascinante introduzione alla saggezza della Kabbalah illuminerà la mente, tonificherà il cuore e porterà i lettori nella profondità delle loro anime.

L'Egotista (Edizioni Psiche2) di Jesse Bogner.

https://amzn.to/3P0OFzH

Come la Luce della Kabbalah ci trova."Siamo costretti a fuggire dal vuoto che dilaga dentro di noi e allo stesso tempo a ricercarne il significato. Purtroppo, senza un metodo che veicoli queste frustrazioni, non troveremo mai una via d'uscita". Ti sei mai posto la ben nota domanda: "Qual è il significato della vita?" Forse hai avvertito che al mondo, così come ti appare, manca qualcosa. Un mondo spirituale, che molti non vedono, ti aspetta. L'autore di L'Egotista, Jesse Bogner, ha sentito il bisogno di ricercare qualcosa al di là di quanto poteva vedere con i propri occhi. Il suo debutto prorompente segna il suo passaggio da newyorkese edonistico, il cui unico sollievo dalle sofferenze arriva sotto forma di ricerca estetica, droghe e alcool, a kabbalista sul cammino del perseguimento del significato della vita.

Osservando la propria esistenza, Bogner fa luce sul nostro mondo in crisi, bisognoso di redenzione. Questo libro offre uno squarcio sulla realtà, spesso male interpretata e a molti sconosciuta, della Kabbalah e su come l'appello collettivo dei kabbalisti abbia la forza di correggere l'ego degli individui e del mondo intero.

Donne, Relazioni e Kabbalah (Edizioni Laitman) di Michael Laitman.

https://amzn.to/443rl8z

In questo libro sono state accuratamente riportate le parole del Dott. Michael Laitman riguardo argomenti che aiutano la donna a trovare risposte lungo il cammino del suo sviluppo spirituale. Chiarimenti che riguardano l'amore, le relazioni, la famiglia, i bambini, il gruppo, l'unione, la divulgazione, la natura e il ruolo della donna, il suo lavoro interiore e la correzione della sua Anima.

LIBRI DI TESTO

Il Frutto del Saggio - Articoli di Baal HaSulam (Edizioni Laitman) di Yehuda Leib HaLevi Ashlag.

https://amzn.to/3Otmfg0

Rav Yehuda Ashlag, conosciuto come Baal HaSulam (Il Padrone della Scala) per il suo Commentario *Sulam* (La Scala) a *Il Libro dello Zohar*, ha scritto numerosi saggi, trattati e altri testi. Gli estratti contenuti in questo libro sono i più rilevanti e i più studiati tra i suoi scritti. Questi testi sono rimasti sigillati e nascosti per oltre sessant'anni.

Molti si sono deteriorati nel tempo e il testo è diventato indecifrabile, le lettere a malapena leggibili; alcuni si sono logorati e altri sono andati perduti. Nonostante il grande lavoro, non sono da escludere errori. Anche i puntini di sospensione sono piuttosto frequenti, sia perché il testo originale è incompleto, sia perché non può essere letto con certezza. Tutti gli scritti di questo libro, tranne l'introduzione, sono opera di Baal HaSulam e vengono pubblicati per la prima volta in italiano.

Zohar – La Luce della Kabbalah (Edizioni Feltrinelli) di Michael Laitman.

https://amzn.to/3DOCGyq

Il Libro dello Zohar è un'antica fonte di saggezza ed è la base di tutta la letteratura kabbalistica. Fin dalla sua comparsa, è stato la fonte primaria, spesso l'unica, usata dai kabbalisti. Scritto in un linguaggio unico e metaforico, *Il Libro dello Zohar* arricchisce la nostra comprensione della realtà e amplia la nostra visione del mondo. L'eccezionale Commentario *Sulam* (La Scala) di Rav Yehuda Ashlag ci permette di cogliere i significati nascosti del testo per "salire" verso le lucide percezioni e le intuizioni che il libro suscita in coloro che lo studiano.

Introduzione alla Saggezza della Kabbalah (Edizioni Psiche2) di Michael Laitman.

https://amzn.to/3QzrlKy

Ci troviamo all'inizio di un processo il cui stadio finale, la Saggezza della Kabbalah, occuperà un posto centrale nella vita di ogni persona nel mondo come metodo per risolvere i problemi globali e personali sempre più gravosi. Il motivo di quanto affermato risiede nell'essenza della Saggezza della Kabbalah: essa è la scienza che indaga le leggi che governano l'intero creato, leggi nascoste, e proprio perché sconosciute, causa di contrasti che innescano reazioni avverse e negative. L'essenza della scoperta delle leggi della creazione, per ora a noi celate, ci condurrà alla rivelazione di una realtà diversa, che si chiarificherà in questo nostro mondo: una realtà spirituale, eterna ed integra la cui rivelazione è, allo stesso tempo, scopo dell'intero creato e scopo della vita dell'uomo. I kabbalisti scrivono che siamo giunti ad una fase in cui tutta l'umanità è pronta per la rivelazione della realtà spirituale e, quindi, la Saggezza della Kabbalah si rivela al mondo dopo migliaia di anni di occultamento. Proprio perché tutto il creato ha un fine, nulla avviene per caso.

Rabash: Gli Scritti Sociali (Edizioni Psiche2) di Rav Baruch Shalom HaLevi Ashlag (Rabash).

https://amzn.to/3QsEYuS

Rav Baruch Shalom HaLevi Ashlag (Rabash) ha svolto un ruolo rilevante nella storia della Kabbalah. Ci ha fornito l'ultimo collegamento necessario tra la Saggezza della Kabbalah e la nostra esperienza umana. Suo padre e maestro era il grande kabbalista Rav Yehuda Leib HaLevi Ashlag, conosciuto come Baal HaSulam per il suo Commentario *Sulam* (La Scala) de *Il Libro dello Zohar*. Eppure, se non fosse per i saggi di Rabash, gli sforzi di suo padre per divulgare la Saggezza della Kabbalah a tutti sarebbero stati vani. Senza questi saggi, veramente pochi sarebbero in grado di raggiungere la realizzazione spirituale che Baal HaSulam così disperatamente voleva che noi ottenessimo. Gli scritti in questo libro non sono solo da leggere, sono più come la guida di un utente esperienziale. È molto importante lavorare su di essi per vedere quello che realmente contengono. Il lettore dovrebbe cercare di metterli in pratica per vivere le emozioni che Rabash descrive così magistralmente. Ha sempre raccomandato ai suoi studenti di riassumere gli articoli, di tradurli ed applicarli nel gruppo. Fare questo significa scoprire il potere degli scritti di Rabash.

Shamati (Edizioni Psiche2) di Yehuda Leib HaLevi Ashlag (Baal HaSulam).

https://amzn.to/3s3zL2y

Il Dott. Michael Laitman, in merito al libro, scrive: "Tra tutti i testi e le note usate dal mio maestro Rav Baruch Shalom HaLevi Ashlag (Rabash), c'era un quaderno speciale che portava sempre con sé. Questo quaderno conteneva le trascrizioni delle conversazioni con suo padre Rav Yehuda Leib HaLevi Ashlag, autore del Commentario Sulam (La Scala) de *Il Libro dello Zohar*, de *Lo studio delle Dieci Sefirot* (Commentario ai testi del kabbalista Ari), e di molte altre opere sulla Kabbalah". Devoto al volere di Rabash di divulgare la Saggezza della Kabbalah, il Dott. Laitman ha pubblicato il quaderno proprio come è stato scritto.

Il Libro dei Salmi (Edizioni Laitman) di Re David

https://amzn.to/3MUWPIf

Il Libro dei Salmi può essere visto in tre modi fondamentali. Per molti, è un libro di centocinquanta poesie scritte splendidamente. Per alcuni, è l'eredità del re più potente che abbia mai governato. E per altri, è la loro connessione con Dio. In questa traduzione del Libro dei Salmi, il vostro compito non sarà comprendere le parole, ma quello di scegliere come guardarle.

LIBRI PER BAMBINI (MA NON SOLO)

Per sempre insieme (Edizioni Laitman) di Michael Laitman.

https://amzn.to/3DSKSxG

Come tutte le buone storie per ragazzi, Per sempre insieme trascende i limiti di età, cultura ed educazione. Qui l'autore ci dice che essere pazienti e sopportare le prove che incontreremo nel corso della vita, ci farà diventare più forti, più coraggiosi e più saggi. In questa calda, tenera storia, il Dott. Michael Laitman condivide con bambini e genitori alcune delle gemme e delle meraviglie del mondo spirituale. La saggezza della Kabbalah è piena di storie avvincenti, Per sempre insieme è un altro dono di questa eterna sorgente di saggezza, le cui lezioni rendono le nostre vite più ricche, più semplici e molto più appaganti.

I Miracoli possono accadere (Edizioni Laitman) autori vari.

https://amzn.to/3OvgU87

"Principessa Peonia" e "Mary e i Colori" sono solo due delle dieci belle storie per bambini di età dai 3 ai 10 anni contenute in questo libro. Scritti soprattutto per i bambini, questi brevi racconti trasmettono un unico messaggio di amore, unione e preoccupazione per tutti gli esseri viventi. Le illustrazioni esclusive sono state accuratamente realizzate per contribuire al messaggio generale del libro, un bambino che ascolta o legge una storia di questa raccolta sicuramente andrà a dormire sorridendo.

INFORMAZIONI SUI CONTATTI

Richieste e informazioni generali:
Accademia di Kabbalah Ashlag
info@kabbalah.it

www.kabbalah.it

USA
2009 85th St., Suite 51
Brooklyn NY, USA -11214

Canada
1057 Steeles Avenue West
Suite 532
Toronto, ON – M2R 3X1 Canada

מגשימים רחוב 17
תקוה פתח
ישראל

www.ingramcontent.com/pod-product-compliance
Lightning Source LLC
Chambersburg PA
CBHW051045250726
48656CB00001B/156